Segensgruß vom Kirchenstörer

Segensgruß
vom
Kirchenstörer

Bibliographische Information Der Deutschen Bibliothek:
Die Deutsche Bibliothek verzeichnet diese Publikation in
der Deutschen Nationalbibliografie; detaillierte
bibliografische Daten sind in Internet über
http://dnb.ddb.de abrufbar.

Herstellung und Verlag: Books on Demand GmbH,
Norderstedt
Printed in Germany

ISBN 3-8334-3876-2

Inhaltsverzeichnis

Vorwort!

Der Wind bläst, wo er will, und du hörst sein Sausen wohl, aber du weißt nicht, woher er kommt und wohin er fährt. Also ist ein jeglicher, der aus dem Geist geboren ist.

(Johannes Evangelium Kapitel 3 Vers 8)

Was für ein Wort an alle, die beteiligt sind, es zu verbreiten und unter die Leute zu bringen, wie der Volksmund so sagt. Dem Nächsten aus Liebe zu begegnen, ist ein großer Gewinn und Reichtum für die Seele.

„So ziehet den neuen Menschen an, der nach Gott geschaffen ist in rechtschaffener Gerechtigkeit und Heiligkeit. Darum leget die Lüge ab und redet die Wahrheit, ein jeder mit seinem Nächsten, denkt einmal nach, weil wir untereinander Glieder sind."

(Epheser Kapitel 4 Vers 24-25)

Die geistlichen Inhalte der Rede des Kirchenstörers sind das Thema in diesem Buch. Das nächste Buch „Der Stören-Friede" handelt von Aktionen und Erlebnissen bei kleinen und großen Begegnungen mit den Mitmenschen zur Zeit und Unzeit (Bilder dokumentiert). Und so Gott will und wir leben, erscheint dann noch ein sehr umfangreiches Exemplar mit dem alles überschreibenden Titel: „Der Liebes Ruf!"

(2. Timotheus Kapitel 4 Vers 2)

Die Menschen kann man dafür gefangen legen, aber den Geist nicht.

Denn es steht geschrieben: „Für welches wir leiden bis zu den Ketten wie die Übeltäter, aber Gottes Wort ist nicht gebunden."

(2 Timotheus Kapitel 2 Vers 9)

In dieser Gesinnung und im Namen Jesu Christi, Dank für alle Bemühungen. Gottes Gnade für Euch alle!

Grußwort

Im Namen des Volkes ergeht folgendes Urteil ...
... Gefängnisstrafe in mehreren Fällen ...

Dieses Büchlein möge im Namen Jesu geschrieben werden und so soll dieses Bekenntnis der Anfang meines Briefes an Euch sein.

„Kein Groll oder Hass ist in unseren Herzen über Euren Urteilsspruch!"

„ Jesus sagt: Liebet eure Feinde; segnet, die euch fluchen; tut wohl denen, die euch hassen; bittet für die, so euch beleidigen und verfolgen, auf dass ihr Kinder seid eures Vaters im Himmel..."

(Matthäus Evangelium Kapitel 5 Vers 44-45)

Einleitung

Viele, viele Jahre habe ich die unterschiedlichsten Gemeinden besucht und durch zahlreiche kleine Dinge an der Basis mithelfen dürfen. Ich ging zu Hausbibelkreisen und konfessionsübergreifenden Veranstaltungen jeglicher Art. In einigen Häusern von Berlin, wie den Akademien der Evangelischen und Katholischen Kirche Berlin und Brandenburg beteiligte ich mich an Podiumsdiskussionen und begab mich auch zu Vorträgen mit anschließenden Diskussionsrunden wie z.B. in der Humboldtuniversität zu Berlin.

Es gab tausend Einzelgespräche mit Menschen an allen Orten zu jeder Tages- und Nachtzeit, um die Bibel, das Wort Gottes weiterzusagen und dort, wo es verlassen wurde, zurückzurufen. Seit Anbeginn meiner Nachfolge Christi habe ich immer sehr ehrfurchtsvoll Fragen an die Pfarrer, Priester oder Ältesten der Organisationen gestellt. Auch in Hausbibelkreisen und den anderen Angeboten hielt ich mich nicht zurück. So habe ich viel gefragt und es anhand der heiligen Schrift geprüft, wie es in der Apostelgeschichte Kapitel 17 Vers 11 gesagt wird: „... die nahmen das Wort auf ganz willig und *forschten täglich in der Schrift, ob sich es so verhielte.*"

Einerlei, ob es sich um die Erziehung von Kindern handelte, der Altenbetreuung, das Steuernzahlen, um allgemeinen Gemeindefragen oder den Belangen im eigenen Wandel des Glaubensgehorsam. Und so wuchs ich im Glauben an den HERRN Jesus Christus. Aus den Fragen wurden biblisch fundierte Behauptungen, die meist zu Auseinandersetzungen führten, in denen dann das Hausrecht dem Gegenüber ausgesprochen wurde.

Es gab immer weniger Raum für Aussprachen. Mit der Zeit war man hier und dort bekannt geworden und wurde bei den Treffen gemieden oder bekam sogar kein Einlass mehr. Es folgte eine Zeit des Zurückziehens, jedoch nicht in der Nachfolge Jesu. „Ich muss abnehmen und Christus muss in mir zunehmen" sagt die Bibel. Die Gespräche liefen an allen Orten weiter und das Verteilen von Traktaten kam hinzu, immer wieder die Feindesliebe neu üben und dankbar dafür sein.

Parallel dazu sah ich nun, wie die Schrift der Bibel sich buchstäblich vor meinen Augen erfüllte und geriet in eine Gewissensnot, die mir in der Form völlig neu war. Und so dachte ich mir, da muss doch mal jemand was sagen! Sehen und hören die Menschen nicht, dass sich die Kirchen nicht mehr auf dem Boden der Bibel bewegen? Warum steht denn da keiner auf und weist darauf hin?

Genauso erging es mir bei Live- Ausstrahlungen von so genannten „Gottesdiensten" im Fernseher oder bei Zeitungsberichten. Auf einmal traf es mich wie ein Blitzschlag; „Was ist denn mit dir? Gehe du doch! Spreche du doch! Rufe, ermahne du doch! Aber ich bin doch ... wer bin ich schon ... Geh!"

Der erste große Ruf erklang in der Kaiser- Wilhelm-Gedächtnis Kirche zum Anlass der Eröffnung der Dekade gegen Gewalt in Anwesenheit eines aus ca. 700 Köpfen bestehenden großen Publikums und hoch-rangigen Mitgliedern des Weltkirchenrates, verschieden-sten Würdenträgern aus den christlichen Kreisen und Vereinen, sowie Persönlichkeiten aus der Politik. Schließlich folgten diverse Aufrufe in der Öffentlichkeit, wie beim ersten Ökumenischen Kirchentag 2003 vor dem Reichstag (ca. 200 000 Menschen) und bei religiösen Feierlichkeiten in den Fernsehveranstaltungen der Landeskirchen (Millionen Menschen). Es kamen kommer-zielle Veranstaltungen hinzu, etwa wie der bekanntesten

Fernsehsendung „Wetten, dass ...?" (Ca. 13 Millionen Zuschauer) Das Fernsehen, die Presse und Rundfunk berichteten mehrfach davon.

Der Ruf hat sich verbreitet:

„Tut Buße!" und „Gehet aus mein Volk!"

Der erste Ruf steht in der Apostelgeschichte Kapitel 17 Vers 30 geschrieben, und der zweite Ruf entstammt aus der Offenbarung des Johannes Kapitel 18 Vers 4.

In dieser Gesinnung:
„Gottes Segen beim Lesen des folgenden Briefes."

Es beginnt in der Justiz Vollzugsanstalt Heiligensee. Der Aufenthalt dort dauerte genau zwei Stunden. Mit dem Gefangenentransporter wurden wir etwa um 14.05 Uhr in die JVA- Tegel verlegt. Als wir mit dem Fahrzeug um die Ecke U- Bahnhof Holzhauserstraße bogen, konnte nur durch eine Vollbremsung ein schwerer Verkehrsunfall verhindert werden. In diesem Augenblick sah ich auch die große Standuhr an der Kreuzung. Kurz danach passierten wir mit dem vergitterten Fahrzeug die Sicherheitsschleuse der JVA- Tegel und hinter uns verschlossen sich die Stahltüren.

Das Erste was ein Gefangener lernen muss: „Bitte warten Sie! Bitte warten Sie hier ...!" Und so geht es den ganzen Tag und die gesamte Haftdauer über.

Wie viel Zeit vergangen war, bis ein Schließer (Justizvollzugsbeamter) die Wartezelle öffnete, kann ich nicht sagen. Mittlerweile hauste ich im Haftraum 44, welcher sich im Haus I befindet. Ach so, die Haus- kammer habe ich vergessen. Hier bekommt der Inhaftierte seine Bekleidung, Wäsche und Geschirr. Die Privatsachen werden gründlich durchsucht.

In diesen Stunden der Neuorientierung kam aus allen Richtungen der Ruf von Mithäftlingen:

„Tut Buße!", „Tut Buße!"... „Der Kirchenstörer!" ... „Sündenbabel Berlin!" Sogar bei der Freistunde auf dem Hof riefen sie aus den verschiedensten Fenstern der Haftanstalt: „Tue Buße Roy!", „Sündenbabel Berlin", „Bist du nicht der Kirchenstörer?".

Andere kamen mit Zeitungsausschnitten zu mir. Auch ausländische Häftlinge haben von den Vorfällen im Land Kenntnis bekommen. Einer rief quer über die Gartenanlage: „Jesus für alle", so dass die herrliche Predigt vom Heiland mir schon vorauseilte. Einigen antwortete ich direkt mit dem Aufruf: „Tue es!"

Oder fragte sie: „Hast du schon Buße getan? Stimmt doch, mit dem Sündenbabel Berlin, oder nicht?" Mit den arabischen Männern ging es gleich zielstrebig zur Sache: „Was glaubst du?" Ich antwortete: „An den Schöpfer der Himmel und Erde erschaffen hat und an die Bibel, die ich schon fast 20 Jahre lesen darf!" Dann verschwand ich in den 6 qm stark renovierungsbedürftigen Haftraum, der mit einem Bett, Schrank, Tisch und Stuhl ausgestattet ist.

Beim Einzug in meine Zelle reichte mir ein älterer Zellennachbar einen beschriebenen Kalender mit folgenden Worten zu: „Jesus spricht: Wen da dürstet, der komme zu mir und trinke!" (Johannes Evangelium Kapitel 7 Vers 37) dazu noch die Erklärung: „Beim Herrn Jesus findest du echte Erfüllung!" Er gab mir dieses wundervolle Geschenk, abgestrichen bis zum 14. April 2005, und sagte: „Ick hab ja zwee!"

In diesem Zusammenhang möchte ich noch erwähnen, dass mir, bevor ich die Haft antrat, ein Bibelwort aus dem Psalm 35 Vers 9- 28 auf's Herz gelegt wurde:

„Ich aber, wenn sie krank waren, zog einen Sack an, tat mir wehe mit Fasten und betete stets vom Herzen." (Vers 13) Es handelt sich hierbei um das Fasten für seine Verfolger und der boshaften Feinde. Seit dem Haftantritt tue ich dies und bin dem HERRN sehr dankbar dafür, dass Er das Gelingen schenkt. Nichts zu essen, ist in dieser Form Neuland für mich. Ein Enthalten der Dinge, die unseren Lauf hindern sollen, kenne ich schon länger aus der Nachfolge Jesu. Der 1. Korinther Brief Kapitel 9 Vers 24- 27 zeigt es am Beispiel eines Sportlers, der um den Siegeskranz willen enthaltsam lebt. So leben auch wir nun genügsam um Christi Willen, welches ja nur von großem Vorteil im Gefängnis sein kann.

Heute am Sonntag, dem 17. April 2005 - langer Riegel, so heißt die Verschlusszeit ab der Mittagszeit bis zum nächsten Morgen. Eiliges Treiben auf dem „Stollen" (Flur). „Haste mal 'nen Kaffee?"; „Gib mir mal ein paar Blättchen zum Zigaretten drehen."; „Alter, leih' mir mal Tabak, haste noch ne' Zeitung dazu?". Mittendrin fallen arabische, türkische und russische Sprachbrocken, weil alle noch etwas brauchen, um den langen Riegel zu überleben. Mein Herz erfüllt sich mit Dankbarkeit und ich denke an das Wort: „So euch nun der Sohn frei macht, so seid ihr recht frei." (Johannes Kapitel 8 Vers 31-36). „Halleluja, Herr Jesus! Was für eine Zusage und Erfüllung, frei zu sein in Christus Jesus. Danke!"

So sitze ich nun frei in meiner Zelle und danke Gott, dem Vater, für seine Wunder die Er tut. Könnten doch alle Mitmenschen die Gnade so erleben, HERR. Vielleicht findet jemand durch diesen Brief zu dir, dem herrlichen HERRN der Herrlichkeit und erfährt, was du vermagst in deiner unerschöpflichen Liebe.

Ein junger Gläubiger drängte mich immer wieder alles aufzuschreiben, um auch anderen Menschen den Zugang zum Glauben zu eröffnen. Gerade wegen meiner „Berliner Schnauze" sollte ich alle Erlebnisse und Gleichnisse zu Papier bringen. Er sagte immer wieder: „Schreib alles auf, Andreas! Du musst es aufschreiben."

Viele andere gaben mir aus den verschiedensten Gründen den gleichen Ratschlag und so bewegte ich im langen Riegel diesen Gedanken hin und her. HERR, was willst du? Im Grußwort steht, *das Wort Gottes ist nicht gebunden* und somit werde ich auf diesem Weg das Zeugnis weitergeben. In der Bibel steht geschrieben:

„So Gott will und wir leben!" Es wäre so herrlich Herr Jesus Christus, wenn du es schenkst, die Erkenntnis deines Wortes im ganzen Land weiter auszurufen, damit es zum Segen für das Volk und zur Vermehrung deines Ruhmes würde. Amen. „Und alle, die gottselig leben

wollen in Christo Jesu, müssen Verfolgung leiden. Mit den bösen Menschen aber und verführerischen wird's je länger, je ärger: sie verführen und werden verführt. Du aber bleibe in dem, was du gelernt hast und dir vertrauet ist, du weißt ja, von wem du gelernt hast. Und weil du von Kind auf die Heilige Schrift weißt, kann dich dieselbe unterweisen zur Seligkeit durch den Glauben an Christum Jesum. Denn alle Schrift, von Gott eingegeben, ist nütze zur Lehre, zur Strafe, zur Besserung, zur Züchtigung in der Gerechtigkeit, dass ein Mensch Gottes sei vollkommen, zu allem guten Werk geschickt."
(2 Timotheus Kapitel 3 Vers 12-17)

Das Johannes-Evangelium spricht: „Wer an mich glaubt, wie die Schrift es sagt, von dessen Leibe werden Ströme des lebendigen Wassers fließen. Das sagte Jesus aber von dem Geist, welchen empfangen sollten, die an ihn glaubten". (Kapitel 7 Vers 38-39)

So ist die Bibel, die Heilige Schrift, das Wort Gottes, das sich immer selbst erklärt und auslegt, ein Wunderbuch, voll mit herrlichen Geschenken. Alles stimmt und ist ohne Lüge, deshalb ist es das Buch der Wahrheit bis in alle Ewigkeit. Sie wird nicht umsonst das Buch der Bücher genannt. Auf das die Heilige Schrift erfüllt werde!

Seit dem ich dieses wundervolle Werk in meine Hände bekam, schloss ich es sofort in mein Herz und alle meine Fragen wurden und werden bis heute noch beantwortet. Halleluja! Es ist ein Jammer, das Millionen von Menschen Bibeln kaufen und doch, so scheint es nun einmal, wenige darin nachschlagen und forschen. Auch wenn gelesen wird, es bleibt bei einem oberflächlichen Blättern. Einmal hier und da ein wenig gelesen, etwas von dort vernommen, und dass war dann auch schon alles. Die Bibel verstaubt nur noch in den Regalen der Haushalte und wird gerade noch so von den Religionen zugelassen. Das Angebot der Konfessionen reicht augenscheinlich aus, um alle Bedürfnisse abzudecken. Wünscht man sich Bilder und Weihrauch bei religiösen Messen, kann das orthodoxe Angebot genutzt werden. Oder bei dem katholischen Lehramt, wo die Priester ein Opfer darbringen, welches die Sünde hinweg nehmen soll. Alles zu streng?

Dann gibt es noch die Lutherische- und Freikirchen mit ihren kulturellen Veranstaltungen. Für alles und jeden gibt es einen Platz. Es mag für den Leser sehr vereinfacht klingen, doch handelt es sich hierbei immerhin um Mitmenschen, die in den Gemeinden und Pastoralämtern „ihren Glauben" gefunden haben. Die große Gemeindeordnung heißt dann: „Ökumene!" und „Die versöhnte Vielfalt!" Alle Religionen gehen einen Berg hinauf, jeder von einer anderen Seite und oben treffen sie sich dann bei dem einen Gott.

Aber was sagt die Bibel zu solch einem menschlichen Vorhaben und wie beurteilt die Heilige Schrift eine solche Ökumene-Gemeinde? Ist die Bibel wirklich so unklar und unverständlich, dass sie keine klare Stellung bezieht? Ist es wirklich so, dass der Mensch alles tun kann, was er will? Gibt es keine klare Wegbeschreibung mehr für unsere Schöpfung, für unser Land oder der ganzen Welt? Sollte es wahrhaftig so sein, dass alle mit ihrem Treiben Recht haben? Gibt es keine verlässliche Größe, die uns aus diesem Durcheinander erretten könnte? Doch, es gibt sie noch: DIE HEILIGE SCHRIFT! Die Voraussetzung hierfür wäre jedoch, dass die Liebe zur Wahrheit die Herzen aller Menschen lenkt. Egal welches öffentliche Amt bekleidet würde, ohne Ansehen der Person, ob in der Politik, Wirtschaft oder Religionsgemeinschaft. Wer von ganzem Herzen Gott sucht, von dem wird sich der HERR auch finden lassen. „Aber wie?", höre ich die Leute sagen. Die Antwort ist ganz einfach: „Es steht geschrieben! Kommt, lasst uns neu die Bibel ergreifen, ganz gleich aus welcher Konfession. Lasst uns zusammen kommen und *alles* ohne Abstriche an der Bibel – dem Wort des lebendigen Gottes – prüfen und Buße tun, wo uns das „Wort Gottes" von der Sünde überführt!"

Eine Erquickung, ein Segensstrom würde in unser Land fließen. Christus selbst würde nicht nur unter uns wohnen, sondern in allen Ländern und eine Heilung unter den Völkern bewirken. An Gottes Willen liegt es nicht (2. Petrus Kapitel 3 Vers 9), denn Er hat Geduld mit uns und will nicht, dass jemand verloren würde, sondern dass sich JEDERMANN zur Buße kehre. Was für ein Angebot Gottes des Allmächtigen an uns alle!

Wir haben viele Traktate mit der Aufschrift „WARNUNG AN ALLE!" verteilt:

„Und zwar hat Gott die Zeit der Unwissenheit übersehen, nun aber gebietet er allen Menschen Buße zu tun. Darum das er einen Tag gesetzt hat, an welchen er richten will den Kreis des Erdbodens mit Gerechtigkeit durch einen Mann, in welchem er' s beschlossen hat und jedermann vorhält den Glauben nach dem er ihn hat von den Toten auferweckt." (Apostelgeschichte Kapitel 17 Vers 30 und 31). Lest und prüft unbedingt in der Bibel, dem Worte Gottes. Auch in der Internetseite www.Jesus-der-Christus.de bezieht sich alles auf die Bibel, das Wort Gottes und gibt Jesus Christus, dem HERRN aller Herren und König aller Könige allein die Ehre. Nur ihm gebührt sie von Ewigkeit zu Ewigkeit! Beim Schreiben an Euch fällt mir auf, dass viel von der Erhabenheit der Bibel gesagt wird, jedoch überlege ich, ob nicht ein voller Einstieg in theologische Fragen verfrüht wäre. Mein Gedanke ist, ob es gläubige, wissende, vielleicht auch suchende Menschen sind, oder Leute, die einfach mal etwas vom Kirchenstörer lesen wollen. Der Beginn meiner Liebe zu diesem herrlichen Buch - der Bibel - hat sich so zugetragen.

Am Anfang saß ich in einer Zelle wie dieser hier und suchte nach einem Begriff, der mir erklären sollte, was ich geschaut hatte. Das Wort, das ich fand, lautete „Cherubim". Das sind himmlische Wesen und die Träger des Thrones Gottes. (Hesekiel Kapitel 11 Vers 22 und 1. Mose 3 Vers 24)

Der Einstieg in die Bibellese war eröffnet und sofort ergriff mich das „Wort Gottes". Ich konnte nicht mehr von diesem Buch ablassen. Bis heute liegt die Bibel aufgeschlagen vor mir. Solch ein spannendes, packendes Buch hatte ich zuvor noch nie gelesen, weil mich Lesen sowieso nie besonders interessierte. Bücher waren für mich früher ein Horror, und so erstaunte mich schon damals vor fast 20 Jahren die Faszination für ein altes dickes Buch.

Der Begriff „Cherubim" war mir schon aus den Feierstunden des „christlichen Abendlandes" geläufig, wo zu Weihe Nächten im Fernseher Lieder gesungen wurden wie Seraphim und Cherubim. Vielleicht kennt Ihr ja auch noch solche Lieder. Jedenfalls war es in meinem Elternhaus Tradition, Weihnachten mit dem Weihnachtsbaum und Weihnachtsmann zu begehen. Es wurde ein leckeres Essen zubereitet, das es nur zu diesem besonderen Tag gab und jede Menge Geschenke für die Großen und Kleinen. Früher fand dieses „Fest der Liebe" bei den Großeltern statt, und als diese zu alt wurden, bei den nächsten Nachkommen. Auch Ostern war ein Feiertag mit Ostereiersuchen im Garten, und das Jahr für Jahr. Die Geschenke wurden immer mehr zu Bargeld, weil wir Kinder langsam zu Jugendlichen heranwuchsen. Das Pfingstfest war mir nicht so bekannt, nach biblischen Berichten fand hier die Ausgießung des Heiligen Geistes in urchristlicher Zeit statt. Mein leiblicher Vater war von Beruf Friedhofsdirektor und so ergab es sich, dass wir ein Haus auf dem Friedhof bewohnten. Täglich wurden mehrere Trauerfeiern abgehalten. Das Büro befand sich mit im Haus. Der Nachteil jedoch bestand darin, den Erziehungsberechtigten immer präsent gehabt zu haben, und so machte meine leibliche Mutter oft regen Gebrauch von dieser Hilfe.

Ihr fragt Euch vielleicht, warum ich den Ausdruck „leiblich" im Bezug auf meine Eltern wähle. Die Heilige Schrift hat dafür eine herrliche Erklärung. Im Johannes Evangelium Kapitel 3 Vers 1-15 steht geschrieben:

„Es war aber ein Mensch unter den Pharisäern (eine Glaubensrichtung) mit Namen Nikodemus, ein Oberster unter den Juden. Der kam zu Jesu bei der Nacht und sprach zu ihm: Meister, wir wissen, dass du bist ein Lehrer von Gott gekommen; denn niemand kann die Zeichen tun, die du tust, es sei denn Gott mit ihm. Jesus antwortete und sprach zu ihm: Wahrlich, wahrlich, ich sage dir: Es sei denn, dass jemand von neuem geboren werde, so kann er das Reich Gottes nicht sehen. Nikodemus spricht zu ihm: Wie kann ein Mensch geboren werden, wenn er alt ist? Kann er auch wiederum in seiner Mutter Leib gehen und geboren werden? Jesus antwortete: Wahrlich, wahrlich ich sage dir: Es sei denn, dass jemand geboren werde aus Wasser und Geist, so kann er nicht in das Reich Gottes kommen."

Jetzt folgt die Erklärung für die Begriffe: „leiblich und fleischlich":

„Was vom Fleisch geboren wird, das ist Fleisch; und was vom Geist geboren wird, das ist Geist. Lass dich' s nicht wundern, dass ich dir gesagt habe: Ihr müsset *von neuem geboren* werden. Der Wind bläst, wo er will, und du hörst sein Sausen wohl; aber du weißt nicht, woher er kommt und wohin er fährt. Also ist ein jeglicher, der *aus dem Geist geboren* ist. Nikodemus antwortete und sprach zu ihm: Wie mag solches zugehen? Jesus antwortete: Bist du ein Meister in Israel und weißt das nicht? Wahrlich, wahrlich ich sage dir: Wir reden, was wir wissen, und zeugen, was wir gesehen haben; und ihr nehmt unser Zeugnis nicht an. Glaubet ihr nicht, wenn ich euch von irdischen Dingen sage, wie würdet ihr glauben, wenn ich euch von himmlischen Dingen sagen würde? Und niemand fährt gen Himmel, denn der vom Himmel hernieder gekommen ist, nämlich des Menschen Sohn, der im Himmel ist. Und *wie Moses in der Wüste eine Schlange erhöht hat* (noch heute als Ärztezeichen überall zu sehen), also muss des *Menschen Sohn erhöht werden* (4. Mose 21 Vers 8 und 9 – unbedingt lesen), auf das alle, die an ihn glauben, nicht verloren werden, sondern *das ewige Leben haben.*"

Die Bibel trifft viele Aussagen zu den Unterschieden von Fleisch und Geist. Es ist nahezu das Hauptanliegen, hierauf aufmerksam zu machen. Das Eine ist irdisch und vergänglich, somit also zeitlich, das Andere herrlich, unvergänglich und auf Ewigkeit angelegt.

Wir haben nun einiges vom Leben und von der Wiedergeburt, dem Wort Gottes - das lebendig macht - vernommen. Zusammenfassend könnte es folglich so lauten: „Als die da wiedergeboren sind (Gläubige) nicht aus vergänglichem, sondern aus unvergänglichem Samen, nämlich aus dem *lebendigen Wort Gottes,* dass da ewiglich bleibt". Die Bibel ist identisch mit diesem Samen, sie ist der Same, der lebendig macht.

Jesus Christus, der HERR erklärt weiter: „Denn alles Fleisch ist wie Gras und alle Herrlichkeit des Menschen wie des Grases Blume. Das Gras ist verdorrt und die Blume abgefallen." (I Petrus Kapitel I Vers 23-25 Aber... Halleluja, des HERRN Wort bleibt in Ewigkeit.

Es ist aber „das Wort", welches schon seit tausenden von Jahren unter euch verkündigt wurde.

„Im Anfang war das Wort und das Wort war bei Gott und Gott war das Wort. Dasselbe war im Anfang bei Gott. Alle Dinge sind durch dasselbe gemacht und ohne dasselbe ist nichts gemacht, was gemacht ist. *In ihm* war das Leben und das Leben war das Licht der Menschen." (Johannes Evangelium Kapitel 1 Vers 1-4)

Noch deutlicher geht es schon gar nicht mehr. Gott ist das Wort und Wort ist Geist, so ist die Bibel das lebendige Wort Gottes, das ewig ist! Die Heilige Schrift berichtet weiter:

„Das Wort ward Fleisch und wohnte unter uns und wir sahen seine Herrlichkeit, eine Herrlichkeit als des eingeborenen Sohnes vom Vater, voller Gnade und Wahrheit". Und in der Nikodemus Geschichte steht dieser weltberühmte Satz:

„Also hat Gott die Welt geliebt, dass er seinen eingeborenen Sohn gab, auf dass alle, die an ihn glauben, nicht verloren werden, sondern das ewige Leben haben. Denn Gott hat seinen Sohn nicht gesandt in die Welt, dass er die Welt richte, sondern, dass *die Welt durch ihn selig werde*. Wer an ihn glaubt, der wird *nicht* gerichtet; wer aber nicht glaubt, der *ist schon gerichtet*; denn er glaubt *nicht* an den Namen des eingeboren Sohnes Gottes." (Johannes Kapitel 3 Vers 16-18)

Die Apostelgeschichte lässt uns durch das Kapitel 4 Vers 12 klar wissen, dass Jesus Christus der Sohn Gottes uns einen Namen gegeben hat, der über alle Namen steht! Die Apostelgeschichte sagt es: „Und es ist ja in keinem anderen Heil, ist auch *kein anderer Name* unter dem Himmel den Menschen gegeben, darin wir sollen selig werden". In dem Evangelium des Matthäus Kapitel 1 Vers 21-23 sagt der HERR folgendes: „Und sie wird einen Sohn gebären, des Namen sollst du Jesus heißen, denn er wird sein Volk selig machen von ihren Sünden. Das ist aber alles geschehen, auf dass erfüllt würde (die Heilige Schrift) was der Herr durch den Propheten gesagt hat, der da spricht: Siehe, eine Jungfrau wird schwanger sein und einen Sohn gebären und sie werden seinen Namen Immanuel (= Gott mit uns) heißen."

Ist es nicht das, was wir suchen und was wir unbedingt brauchen? *Gott mit uns?*

Damals in der Untersuchungshaft Moabit im Jahre 1983 war es genau das, was ich brauchte. Am Ende angekommen – Sackgasse! Keine Hoffnung, keine Zukunft mehr, alles war zusammengebrochen. Mein leiblicher Vater sagte in dieser Zeit zu mir: „Das ist wohl der letzte Strohhalm". Obwohl er es nicht so erkannte - genau das war und ist ER auch! Heute nicht mehr der letzte, sondern der *einzigste* Strohhalm, der auf ewig hält!

Bei dem Wort Strohhalm denke ich sofort an einen Spross, der sich seinen Weg durch die Erde bahnt. Im Propheten des alten Testaments Jeremia Kapitel 23 Vers 5 ist hier zu lesen:

„Siehe, es kommt die Zeit, spricht der Herr, das ich dem David ein gerechtes Gewächs erwecken will: und es soll ein König sein, der wohl regieren und Recht und Gerechtigkeit auf Erden aufrichten wird".

Der HERR ist unsere Gerechtigkeit. Hier spricht Gott, der HERR, durch den Propheten schon hunderte Jahre voraus vom Kommen Jesu. Der Brief an die Gemeinde in Rom Kapitel 15 Vers 12 eröffnet es; „Und abermals spricht Jesaja: Es wird sein die Wurzel Isais und der auferstehen wird zu herrschen über die Heiden, auf den werden die Heiden hoffen. Der Herr der Hoffnung aber erfülle euch mit aller Freude und Frieden im Glauben, dass ihr völlige Hoffnung habet durch die Kraft des

Heiligen Geistes!" Dieser herrliche Spross von dem die Bibel spricht, ist der Neuanfang. Der Ratschluss des Allmächtigen Schöpfers der unsere Menschheit, Himmel und Erde erschaffen hat. Halleluja!

Etliche Jahre durfte ich forschen, suchen und anklopfen. Bei ihm im Gebet sein, der so gerne hilft und uns in alle Wahrheiten leiten will. Jesus der Christus, Jesus der Messias, Jesus der Erretter. Unsere Erlösung aus dem Teufelskreis. Er lässt keine Frage ungelöst und verspricht Segen in allen Lebenslagen und gibt dem Leben die Fülle, die Freude, eine lebendige Hoffnung und den *wahren* Frieden. Im Matthäus Evangelium Kapitel 11 Vers 28 – 30 sagt er:

„... Kommt her zu mir alle, die ihr mühselig und beladen seid, ich will euch erquicken. Nehmet auf euch mein Joch und lernet von mir, denn ich bin sanftmütig und von Herzen demütig, so werdet ihr Ruhe finden für eure Seelen. Denn mein Joch ist sanft und meine Last ist leicht"

Doch wer nimmt diese Einladung noch in Anspruch? Wer will sich denn schon als mühselig und beladen bekennen? Wer will sich schon zugestehen, ohne Besitz oder mit Reichtum unglücklich zu sein, oder dass wir sogar Hilfe benötigen? Die Freuden der Welt sind alle kurzlebig. Meine eigenen Erfahrungen aus den vergangenen Zeiten können hier als Zeugnis dienen. Von Kleinkind auf hatte ich ein tolles Elternhaus. Die Mutter war meist zu Hause und der Mann schaffte täglich das Geld heran. Es gab immer frisch zubereitetes Essen. Fast jeden Morgen saubere Kleidung aus dem Schrank, und ich war kein Schlüsselkind. An Liebe und Zuneigung also fehlte es keineswegs. Am Wochenende besuchten wir oft Onkel und Tanten oder unternahmen Ausflüge mit der ganzen Familie. Die Badeanstalt Plötzensee war nur ein Steinwurf von unserem Elternhaus entfernt. Wir lebten mitten in der Stadt wie auf einem Dorf, umschlossen von den Rehbergen mit den unterschiedlichsten Tierarten. Es gab Säue mit ihren Ferkeln, Rehe, Füchse, Igel, Katzen, Vögel und allerhand anderes Getier. Rundherum war es eine wundervolle Umgebung. Mit Roller oder Rad konnte der Umkreis immer mehr und weiter erforscht werden.

Ganz in der Nähe des Hauses rauchte ich meinen ersten Zigarrenstumpen, den ein älterer Spaziergänger gedankenlos von sich warf. Der Qualm war so stark, dass meine Mutter und die Herbeigerufenen mich im Gebüsch hockend erwischten. Später ging ich mit René, meinem zwei Jahre älteren Bruder, um die Häuser - wie man so sagt. Hier begegnete ich nun einer anderen Welt, der Großstadt!

Über die Schulzeit lernte ich neue Freunde kennen. Man lungerte in der Gegend herum und machte neue Erfahrungen im Umgang mit anderen Menschen. Als Jugendlicher zogen wir dann nach Mariendorf um, näher an die Innenstadt heran. Diese Zeit war sehr anstrengend, gerade für meinen leiblichen Vater. Er musste manchmal rund um die Uhr arbeiten, um die übernommenen Friedhöfe in Ordnung zu bringen. In unserem Garten war es genauso.

Wir Jungs mussten kräftig mit anpacken, dabei haben wir viel an praktischen Dingen in dieser Zeit gelernt. Dennoch, das Badengehen und die Kinobesuche kamen nicht zu kurz. Unser Taschengeld stimmte immer, weil wir Jungs von beiden Seiten der Eltern sehr unterstützt wurden. Nachdem der Garten gerodet und planiert war, besorgte Heinz- Dietrich ein Swimmingpool, 5 Meter Durchmesser und 1,50 Meter hoch. Dieser passte gut in den fast Fußballfeld großen Garten mit Apfel-, Birnen-,

Kirsch- und Pflaumenbäumen - rot und gelb. Ein selbstgebauter großer Grill stand auf der Terrasse zur Liebeslaube hin, die mit wildem Wein bewachsen war.

Wie Ihr nun erfahren habt, wurde ich wirklich mit allen Dingen reichlich versorgt. Ich wuchs wohlbehütet auf, bis die Wege von dem Elternhaus wegführten. Kumpels, Freundinnen, Partys, der erste eigene Alkoholkonsum, Bier und Wein und später auch andere Betäubungsmittel. Die Familie wurde immer fremder, die Traditionen und Gewohnheiten der „Alten" konnten mich nicht mehr zufrieden stellen. Überhaupt erschien mir das Vorgelebte sinnlos zu sein. 60, 70, 80 Jahre alt und dann in die Holzkiste. Das sollte es gewesen sein, im Grunde genommen Hoffnungslosigkeit!

Trotz allem drum und dran, konnte ich meinem Lebensstil nichts abgewinnen. Dieser war kalt und leer. Die große Liebe verloren, eine neue Freundin wieder gefunden. Reise nach Italien mit hübscher junger Frau – Martina! Wohnung, Arbeit, Geld, Reisen, Sport, Partys, Sex – alles, alles und doch „Tod"! Der Abstieg ließ nicht lange auf sich warten. Alle aufgezählten Güter hatte ich verloren - bis zum Exzess.

Völlig Pleite trafen sich die gleichen Typen und beschlossen: „Wir holen uns, was uns zusteht!?" Also, zu dritt ein Überfall mit Fluchtfahrzeug. Gott sei Dank ging es schief und so endete diese „Höllenfahrt" mit 5 ½ Jahren Haftstrafe im Gefängnis. Die „kleineren" Vergehen habe ich noch gar nicht erwähnt, wie Lügen, Betrügen, Stehlen - um Euch nicht noch mehr zu erschüttern.

Die Bibel sagt ein treffendes Wort zu dem Zustand der Herzen. Schon im ersten Buch Mose Kapitel 8 Vers 21 heißt es: „Das Trachten der Herzen ist böse von Jungend auf ...", „Des Menschen Herz ist eine

Mördergrube und bringt hervor arge Gedanken: Mord, Ehebruch, Hurerei, Dieberei, falsch Zeugnis, Lästerungen".

Diese Verfehlungen sind nur einige Beispiele aus dem Neuen Testament. (Matthäus Kapitel 15 Vers 19) Der HERR spricht auch von: „*Verfinsterten* und *unbußfertigen Herzen*, die die Finsternis mehr lieben als das Licht".

Von einem toten Zustand spricht die Bibel, wenn der Mensch in Sünde lebt. Auch wenn er Auto fährt, seiner Arbeit nachgeht oder Sonstiges vollbringt, was der Mensch so zu gedenken meint.

Alles fing schon bei Adam und Eva an, die auch meinten, es besser zu wissen als ihr Schöpfer und Gott. Sie haben sich mit dem Teufel eingelassen und auf seine Worte mehr gehorcht, als auf den liebenden HERRN. „Sollte Gott etwa gesagt haben?", meinte der Teufel zu Eva. „Ich sage euch... Gott hat euch etwas vorenthalten, entscheide dich gegen sein Gebot und du wirst sein wie Gott". Lest bitte einmal selber im ersten Mose Kapitel 3 nach! „Da wies ihn Gott der HERR aus dem Garten Eden, dass er das Feld bebaue, davon er genommen war und trieb Adam und Eva aus. Dann lagerte Gott vor dem Garten Eden die Cherubim mit dem bloßen hauenden Schwert, zu bewahren den Weg zu dem Baum des Lebens."

Das verlorene Paradies, der Garten Eden, der Verlust der Gemeinschaft mit Gott, sozusagen gottlos - los von Gott dem HEERN und ein Knecht des Lügners geworden. Der Vater der Lüge ist in der Bibel Luzifer, der Teufel. Die alte Schlange, der Drache, der Menschenmörder von Anfang an und er kann niemals lieben, niemals, der HERR strafe ihn! Amen. Jetzt bin ich ganz davon abgekommen, Euch zu berichten, wie schnell „aller menschlicher Schein" vergeht, aber die erwähnten

Beispiele reichen bestimmt auch aus, das Erlebte mit Euch zu teilen. Die 46 Jahre im Rückblick vergingen doch sehr schnell und wie viel Lebenszeit mir noch verbleibt, ist bislang nicht bekannt. Es könnte ja sein, der nächste Buchstabe wäre der letzte ... Da höre ich die Bibel rufen:

„Mensch bedenke das du sterben musst, auf dass du klug wirst!" (Psalm 90 Vers 12 im alten Testament)

Aus Berichten von Menschen erfährt man, die nahe dem Tode waren, dass alle nach dem Ereignis „bewusster" gelebt hätten. Sie konnten sich aufgrund dessen an ganz kleine Freuden genügen lassen und sprachen von einem Neuanfang - vom so genannten zweiten Geburtstag, der ihnen noch einmal geschenkt wurde. Einige fragten sogar nach Gott. Die Frage nach dem „woher - wozu - wohin" stellten sich fast alle.

Die drei „www" beschäftigen so manchen Menschen in unserer Zeit. Im Supermarkt der Religionen kann man sich aus allen möglichen Richtungen die passende Antwort in den Einkaufskorb legen. An der Kasse wird die Ware auf das Fließband platziert und noch einmal ganz genau überprüft. Nun muss noch bezahlt werden. Schon bei diesem Gedanken wird es einem ganz unangenehm um's Herz. Alles auspacken, was in den vergangenen Jahren passiert ist. Ein jegliches Wort, Werke und alle Gedanken – bloß und aufgedeckt vor dem Angesicht Gottes.

Jede Lüge, jeder Betrug, Unwahrhaftigkeit, Neid, Hass, Zwietracht, Selbstsucht, Habsucht, Ungehorsam, Hochmut, sogar die Hurerei nur in den Gedanken, Ehebruch, Unzucht und die schuldig gebliebene Liebe zu Gott und dem Nächsten. Ach du Sch... !

Dann das Urteil und der Stellungsbefehl zum sofortigen Antritt der Strafverbüßung - erinnert mich an das irdische Gericht und dessen Verurteilung zum

Strafantritt am 14. April 2005 nach Christo.

Und das steht *allen* noch bevor. „Es ist dem Menschen gesetzt einmal zu sterben, danach aber das Gericht". (Hebräerbrief Kapitel 9 Vers 27)

Diese Erkenntnis hatte mich damals wie heute erschüttert. Gott kennt alle meine Wege. Aber wer kann denn dann vor dem heiligen Gott bestehen, wenn er Sünde zurechnet? Er sagt: „Denn so jemand das ganze Gesetz hält und *sündigt an einem der ist ganz schuldig.* Denn der gesagt hat: Du sollst nicht ehebrechen, der hat auch gesagt: Du sollst nicht töten. Du nun nicht Ehe brichst, tötest aber, bist du ein Übertreter des Gesetzes". (Jakobusbrief Kapitel 2 Vers 10)

Der Ausspruch verdeutlicht doch unmissverständlich, dass alle Menschen schuldig vor Gott sind. Die folgende Schriftstelle beschreibt es noch klarer: „Da ist nicht einer, der gerecht sei, auch nicht einer. Da ist nicht, der verständig sei, da ist nicht, der nach Gott frage; sie *sind alle abgewichen und allesamt untüchtig* geworden, da ist nicht, der Gutes tue, auch *nicht einer.* Ihr Schlund ist ein offenes Grab, mit ihren Zungen betrügen sie. Otterngift ist unter ihren Lippen. Ihr Mund ist voll Fluchens und Bitterkeit; ihre Füße sind eilend Blut zu vergießen; auf ihren Wegen ist eitel Schaden und Herzeleid, und den Weg des Friedens wissen sie nicht. Es ist keine Furcht Gottes vor ihren Augen." Es handelt sich hier um den Brief an die Gemeinde in Rom, dem bekannten Römerbrief Kapitel 3 Vers 10-20.

„Wir wissen aber, dass was das Gesetz sagt, das sagt es denen, die unter dem Gesetz sind, auf dass aller Mund verstopft werde und alle Welt vor Gott schuldig sei. Darum, das *kein Fleisch durch des Gesetzes Werke vor ihm, dem Allmächtigen Gott, gerecht sein kann; denn durch das Gesetz kommt Erkenntnis der Sünde*". Schuldig auf der ganzen Linie unseres Daseins. Alle, ohne Ausnahme, sind vor Gott schuldig – egal ob Bundeskanzler, Richter-(innen) oder sonst wer. Keiner von uns Menschen hält diesem Urteil stand.

Im Matthäus Evangelium Kapitel 22 Vers 13 steht geschrieben: „Da sprach der König zu seinen Dienern: Bindet ihm Hände und Füße und werfet ihn in die Finsternis hinaus! Da wird sein Heulen und Zähneklappern." Und im gleichen Evangelium wird weiter ausgesagt: „Denn die Pforte ist weit und der Weg ist breit, der zur Verdammnis abführt; und ihrer sind viele, die darauf wandeln". Auch Lukas sagt es sehr eindringlich mit den Worten: „Es sprach aber einer zu Jesus: Herr meinst du, dass wenige selig werden? Er aber sprach zu ihnen: Ringet danach, dass ihr durch die enge Pforte eingehet, denn viele werden, das sage ich euch, darnach trachten, wie sie hineinkommen und werden' s nicht tun können. Von dem an, wenn der Hauswirt aufgestanden ist und die Tür verschlossen hat, da werdet ihr dann anfangen draußen zu stehen und an die Tür zu klopfen und sagen: Herr, Herr tu uns auf! Und er wird antworten und zu euch sagen: Ich kenne euch nicht, wo ihr her seid". (Lukas Evangelium Kapitel 13 Vers 23-25)

„Was für ein erschütterndes Wort!" Mit welcher Wucht diese Aussage in das Menschenherz eindringt? Kann es heute noch die Herzen der Menschen bewegen, nach einem Ausweg zu fragen oder zu rufen, gar zu schreien: HERR wo bist du? Was muss und kann ich tun, um gerettet zu werden, damit ich nicht in die ewige Pein gehe? Hilf mir bitte, um nicht die ewige Gottesferne erleiden zu müssen! Rette mich mein Gott, ich zergehe vor deinem Angesicht! Wer sich im Lichte Gottes sieht, findet an sich nichts Gutes mehr. Auch der außerge-wöhnlichste Mensch wird zu Schanden vor dem Heiligen

Gott. Nichts hat er zu bringen, außer Schuld und Verderben. Mit dieser Erkenntnis ist man nun zubereitet, das Gnadenangebot Gottes zu ergreifen. Aus der Tiefe meiner Seele rufe ich zu meinem Gott, der mich als Einziger von diesem Leibe des Todes erretten kann. Gibt es Erlösung für die Seele, ja oder nein? Und bei wem finde ich die Vergebung meiner Schuld?

Ich hoffe, dass Ihr die Antwort von dieser eindringlichen, lebensnotwendigen Frage schon erkannt habt, denn in den bislang geschriebenen Seiten leuchtete bereits das Licht der Gnadensonne hervor und wurde mit Namen benannt.

Um alle Missverständnisse auszuräumen, frage ich den HERRN: Was kann *ich* als Loskaufpreis für meine Seele geben? Kann ich dir meinen linken oder rechten Arm opfern? Vielleicht sogar den ganzen Körper mit Haut und Haaren? Wäre das genug? Das sei ferne, du hast ja diesen Körper erschaffen und er ist ja schon dein Eigentum. Vielleicht, wenn ich dir, wie in unserer Väterzeiten, viele Tieropfer darbringe?

Die Antwort aus der Bibel des Propheten Jesaja Kapitel 1 Vers 11 und 12 lautet so: „Was soll mir die Menge euer Opfer? Ich bin satt der Brandopfer von Widdern und das Fetten von den Gemästeten und habe keine Lust zum Blut der Farren, der Lämmer und Böcke. Wenn ihr hereinkommt zu erscheinen vor mir, wer fordert solches von euren Händen, dass ihr auf meinen Vorhof tretet?" Eine klare Aussage - finden Sie nicht auch!

Soll ich etwa einer Religionsgemeinschaft beitreten und zum Beispiel den katholischen Glauben mit dem Speiseopfer und Räucherwerk annehmen, um gerettet zu werden? Noch einmal der Prophet Jesaja im Kapitel 1 Vers 13 und 14 sehr deutlich: „Bringt nicht mehr

Speiseopfer so vergeblich, dass Räucherwerk ist mir ein Gräuel. Neumonde und Sabbate (Sonntagsfeiern) da ihr zusammenkommt, Frevel und Festfeier mag ich nicht.

Meine Seele ist Feind euren Neumonden und Jahresfesten, ich bin ihrer überdrüssig, ich bin es müde zu leiden. Und wenn ihr schon eure Hände ausbreitet, verberge ich doch meine Augen vor euch und ob ihr schon viel betet, höre ich euch doch nicht, denn eure Hände sind voll Blut."

Die nächste Frage wäre: Wozu gibt es dann einen „Heiligen Vater" in Rom? „Und ihr sollt niemand Vater heißen auf Erden, denn einer ist euer Vater, der im Himmel ist – ihr aber seid alle Brüder!" (Matthäus Evangelium Kapitel 23 Vers 9, der Brief an die Epheser Kapitel 3 Vers 14 -15 und der Brief an die Römer Kapitel 8 Vers 15-17)

Gibt es vielleicht noch mehr, was ich in diesem Fall wissen müsste? Wie verhält es sich mit dem Priestertum? Der rechte Hohepriester ist doch Christus, wie es im Hebräerbrief Kapitel 4 Vers 14 geschrieben steht: „Dieweil wir denn einen großen Hohepriester haben, Jesum, den Sohn Gottes, der gen Himmel gefahren ist, so lasset uns festhalten an dem Bekenntnis!"

Der Brief des Titus im Neuen Testament Kapitel 2 Vers 14 und der erste Brief des Petrus Kapitel 2 Vers 9 und 10 erklären es genauso klar. In der Offenbarung des Johannes wird diese fundamentale Aussage sogar damit noch einmal unterstrichen. Johannes schreibt an die sieben Gemeinden in Asien:

„Gnade sei mit euch und Friede von dem, der da ist und der da war und der da kommt und von den sieben Geistern, die da sind vor seinem Thron. Und von Jesu Christo, welcher ist der treue Zeuge und Erstgeborene von den Toten und der Fürst der Könige auf Erden.

Der uns geliebt hat und gewaschen von den Sünden mit seinem Blut. Und hat *uns Gläubige* zu Königen und Priestern gemacht vor Gott und seinem Vater, dem sei Ehre und Gewalt von Ewigkeit zu Ewigkeit!" Amen. (Offenbarung Kapitel 1 Vers 4-6)

Durch dein vergossenes Blut hast du uns Gläubige alle zu Priester gemacht! So sind wir ja nun ein auserwähltes Geschlecht, nämlich das königliche Priestertum, das heilige Volk, das Volk des Eigentums!

Wir sollen die Tugenden desjenigen verkünden, der uns von der Finsternis zu seinem wunderbaren Licht berufen hat. Nur dann verstehe ich beim besten Willen nicht, warum es so viele Päpste, Kardinäle und andere zahlreiche Betitelungen in der Katholischen Vereinigung gibt. Offensichtlich ist doch alles gegen die Lehre der Heiligen Schrift gerichtet. Genauso verhält es sich mit den Lehrsätzen der Kindestaufe, wo die Bibel doch sagt:

„Erst der Glaube, dann der Empfang der Taufe." (Apostelgeschichte Kapitel 2 Vers 41) Das Markus Evangelium spricht davon im Kapitel 16 Vers 16:

„Wer da glaubt und getauft wird, der wird selig werden; Wer aber nicht glaubt, der wird verdammt werden." Zwar wird immer diese Bibelstelle angeführt - als Jesus die Kinder zu sich kommen ließ: „.... und er legte die Hände auf und segnete sie", jedoch steht *nicht* geschrieben „und taufte sie". Gleich im Anschluss hiernach, stellt sich noch die Frage nach dem Zölibat. Kann ich wenigstens für dich HERR, um dir zu gefallen, im Zölibat leben?

Lesen wir diesbezüglich im ersten Brief der Timotheus Kapitel 3 Vers 1-5: „Das ist gewisslich wahr; So jemand ein Bischofsamt begehrt, der begehrt ein köstlich Werk. *Es soll* aber ein Bischof unsträflich sein eines Weibes Mann, sittig, gastfrei, lehrhaft. Nicht ein Weinsäufer, nicht raufen, nicht unehrliche Hantierung treiben, sondern gelinde nicht zänkisch, nicht geizig. Der seinem eigenen Hause wohl verstehe, der gehorsame Kinder habe mit aller Ehrbarkeit; So aber jemand seinem eigenen Hause nicht weiß vorzustehen, wie wird er die Gemeinde Gottes versorgen…" Na, das ist ja wahrlich bemerkenswert!

Und im Kapitel 4 Vers 1-3 steht weiter geschrieben: „Der Geist sagt deutlich, das in den letzten Zeiten werden etliche von dem Glauben abtreten und anhängen den verführerischen Geistern und Lehren der Teufel! Durch die, so in Heuchelei Lügen reden und Brandmal in ihrem Gewissen haben. Die da gebieten nicht ehelich zu werden (Zölibat) und zu meiden Speisen, die Gott geschaffen hat zu nehmen mit Danksagung, den Gläubigen und denen, die die Wahrheit erkennen."

So ist nun die Eucharistie, die Wandlung durch einen falschen Priester, unwirksam und Gott nicht wohlgefällig! Aber alle Kirchmitglieder bitten doch in diesen so genannten „Gottesdiensten", dass das Opfer Gott wohl angenehm sein möge …

Sagt nicht die Bibel durch Johannes dem Täufer: „Siehe, das ist das Lamm Gottes… was hinweg nimmt die Sünde der Welt", und Bruder Johannes zeigt auf Jesum?!

Der erste Brief des Petrus bestätigt dies im Kapitel 2 Vers 24: „Welcher unsere Sünden selbst hinaufgetragen hat an seinem Leibe auf das Holz (Kreuz), auf das wir, der Sünde gestorben, der Gerechtigkeit leben; Durch welche Wunden ihr seid heil geworden! Denn ihr waret wie die irrenden Schafe, aber ihr seid nun bekehrt zu den Hirten und Bischof euer Seelen Jesus Christus. Und Jesus sprach, nach dem er den Essig genommen hatte: „*Es ist vollbracht*" neigte das Haupt und verschied. (Johannes Evangelium Kapitel 19 Vers 30) Also hat ER, das Lamm, *einmal* das Opfer für uns alle dargebracht, auf das wir Frieden hätten. Einige Auszüge aus dem Brief an die Hebräer Kapitel 9 und 10 mögen dies noch mehr verdeutlichen:

„Denn Christus ist nicht eingegangen in das Heilige, so mit Händen gebaut ist, sondern in den Himmel selbst, nun zu erscheinen vor dem Angesicht Gottes für uns. Auch nicht das er sich oftmals opfere ... sonst hätte er oft müssen leiden von Anfang der Welt her. Nun aber am Ende der Welt ist er *einmal* erschienen durch sein *eigen Opfer* die Sünde aufzuheben. Und wie dem Menschen gesetzt ist einmal zu sterben, darnach aber das Gericht. Also ist Christus *einmal geopfert* wegzunehmen vieler Sünden; zum anderen Mal wird er ohne Sünde erscheinen denen, die auf ihn warten, zur Seligkeit. In diesem Willen sind wir geheiligt auf *einmal*, durch das *Opfer des Leibes Jesu Christi*. Er hat *ein Opfer* für die Sünden geopfert, dass *ewiglich gilt*, sitzt er nun zur Rechten Gottes und wartet hinfort, bis dass seine Feinde zum Schemel seiner Füße gelegt werden. (Feinde sind z.B. die, die weitere Opfer darbringen, egal in welcher Form auch immer!) Denn mit *einem Opfer hat er in Ewigkeit vollendet die geheiligt werden*. Es bezeugt uns aber das auch der Heilige Geist. Denn nachdem er zuvor gesagt hatte: ,Das ist das Testament, dass ich ihnen machen will nach diesen Tagen, spricht der Herr:

,Ich will mein Gesetz in ihr Herz geben und in ihren Sinn will ich es schreiben. Und ihrer Sünde und ihrer Ungerechtigkeit will ich *nicht mehr gedenken*!' Wo aber derselben *Vergebung* ist, da ist *nicht mehr Opfer* zu bringen für die Sünde!" Danke HERR!

Dieser kleine Auszug aus dem Kapitel 9 und 10 ist herrlich und eindeutig. Eine weitere Überprüfung anhand der Bibel von der Lehre Mariä- Himmelfahrt, der

„Mutter Gottes", Ablass, Fegefeuer, 7 Sakramente und all den anderen falschen Lehrsätzen der Katholischen Kirche möchte ich uns an dieser Stelle ersparen. Es ist wirklich lesenswert, was die Bibel noch an diesen Stellen zu den Irrlehren aussagt. Für mich steht jedenfalls grundsätzlich fest, dem katholischen Glauben möchte ich nicht angehören und auch nicht annehmen!

Umso mehr aber macht es mich traurig, dass diese doch die Bibel besitzen und in alle Wahrheiten und Weisheiten geleitet werden könnten, jedoch mehr Gefallen an ihren Lügen haben, von denen sie ebend zuvor überführt wurden.

In derselben Weise verhält es sich mit der Evangelischen Kirche. Es erscheint mir genauso nachdenklich, warum in dieser Landeskirche Bischöfinnen predigen dürfen.

Greifen wir diesbezüglich noch einmal den biblischen Begriff des Zölibats auf und lesen im Titusbrief Kapitel 1 Vers 5-8 weiter:

„Der halben lies ich dich in Kreta, dass du solltest vollends ausrichten, was ich gelassen habe, und besetzen die Städte hin und her mit Ältesten, wie ich dir befohlen habe. (Es handelt sich hier um den Gemeindebau.) Wo einer ist untadelig *eines Weibes Mann*, der gläubige Kinder habe, nicht berüchtigt, dass sie Schwelger und ungehorsam sind. Denn ein Bischof soll untadelig sein, als ein Haushalter Gottes, nicht eigensinnig, nicht zornig, nicht ein Weinsäufer, nicht raufen, nicht unehrliche Hantierung treiben: Sondern gastfrei, gütig, züchtig, gerecht, heilig, keusch. Und anhaltend am Wort, das gewiss ist und lehrhaft, auf dass *er* mächtig sei zu ermahnen durch die *heilsame Lehre* und strafen die *Widerspenstigen...*" Ist es denn mit den Pfarrerinnen anders gelagert? Dürfen diese denn wenigstens lehren?

Der 1. Korintherbrief Kapitel 14 Vers 33-37 beantwortet diese Frage mit folgenden Worten: „Denn Gott ist nicht ein Gott der Unordnung, sondern des Friedens. Wie in allen Gemeinden der Heiligen, lasset eure Weiber schweigen in der Gemeinde, denn es soll ihnen nicht zugelassen werden, dass sie reden, sondern sie sollen untertan sein, wie auch das Gesetz sagt. Wollen sie aber etwas lernen, so lasset sie daheim ihre Männer fragen. Es steht dem Weibe (der Frau) *übel an, in der Gemeinde zu reden.* Oder ist das Wort Gottes von euch ausgegangen; Oder ist allein zu euch gekommen; So sich jemand lässt dünken, er sei ein Prophet oder geistlich, *der erkenne*, was ich schreibe. *Denn es sind des Herrn Gebote!"*

Diese Worte sind deutlich genug, da braucht man keine Auslegung mehr! Mit 100% iger Sicherheit liegt doch Ungehorsam gegenüber dem Wort Gottes vor. Sind das nicht die Früchte der hoch gelobten „Toleranz", wie die bereits praktizierten Segnungen von Homosexuellen in den Kirchen? Obwohl Gott in seinem Wort im Römerbrief Kapitel 1 Vers 25-32 sagt:

„Sie, die Gottes Wort haben verwandelt in die Lüge und haben geehrt und gedient dem Geschöpf mehr denn dem Schöpfer, der da gelobt sei in Ewigkeit. Amen. Darum hat sie Gott dahingegeben in schändliche Lüste. Denn ihre Frauen haben verwandelt den natürlichen Verkehr in den unnatürlichen. Desgleichen auch die Männer haben verlassen den natürlichen Verkehr des Weibes und sind aneinander erhitzt in ihren Lüsten und haben Mann mit Mann Schande getrieben und den Lohn ihres Irrtums an sich selbst empfangen. Und gleichwie sie nicht geachtet haben, dass sie Gott erkannten, hat sie Gott auch dahingegeben in verkehrten Sinn, *zu tun was nicht taugt.* Voll alles ungerechten, Hurerei, Schalkheit,

Geizes, Bosheit, voll Neides, Mordes, Haders, List, Ohrenbläser, Verleumder, *Gottesverächter*, Frevler, giftig, hoffärtig, ruhmredig, schädliche, den Eltern ungehorsam, Unvernünftige, Treulose, Lieblose, unversöhnlich, unbarmherzig! Sie wissen Gottes Gerechtigkeit, dass ... die solches tun, des Todes würdig sein, und tun es nicht allein, sondern haben auch Gefallen an denen, die es tun."

Oh weh! Gibt es nicht doch noch eine Körperschaft des öffentlichen Rechts (KdöR) oder einen eingetragenen Verein, der Gott wohlgefällig wäre? Offenbar kann es die Evangelische Kirche wohl auch nicht sein, betreibt sie doch zu allem noch Beratungsstellen, in denen Abtreibungsbescheinigungen ausgehändigt werden, um ein *straffreies Töten* von Kindern im Mutterleib zu ermöglichen. Finstere Gräueltaten, die Gott bald richten wird!

In diesem Zusammenhang muss ich an den ersten und zweiten Weltkrieg denken, wo Millionen von Soldaten in den Tod gingen und auf ihren Gürtelschnallen stand „Gott mit uns". Heute noch verbreitet „Bruder" W. Busch im Namen „Gottes" Toleranz und Demokratie und lässt die Militärgemeinde auf dem Schlachtfeld das Gedächtnismahl des Herrn zelebrieren.

Oh mein Gott! Hilf bitte! Zeige uns den wahrhaftigen Weg zu dir! Das ist ja alles abscheulich und teuflisch. Da will man gar nicht mehr weiter forschen, doch es steht geschrieben: „Prüfet aber alles und das Gute behaltet". (Thessalonicher Kapitel 5 Vers 21)

Was ist eigentlich mit den staatlich anerkannten Organisationen und Freikirchen? Die erste Frage, die ich dazu höre: „War Jesus Christus staatlich anerkannt oder staatlich verfolgt? Sollen wir nicht seinen Fußstapfen nachfolgen ...?" ER sagt heute immer noch: „Will mir jemand nachfolgen, der *verleugne sich selbst*, nehme sein Kreuz auf sich täglich und folge *mir*!" Amen. (Matthäus Evangelium Kapitel 16 Vers 24)

Wie verhält es sich mit den „Zehntenzahlungen", also dem 10. Teil des Lohnes (Im alten Testament und dem zweiten Bundschluss), der gezahlt wird, wenn man Mitglied in einer solchen Organisation ist. Oder sogar 9,8 % Kirchensteuer in der Evangelischen Kirche, steuerrechtlich abgezogen bekommt.

In diesem zweiten Bund geht es um das neue Herz, wo Gott, der HERR sagt: „Ihr müsst von Neuem geboren werden, aus Wasser und Geist – eine neue Kreatur". Der zweite Brief an die Gemeinde in Korinth lehrt es uns im Kapitel 5 Vers 16+17:

„Darum kennen wir von nun an niemand nach dem Fleisch (Ihr erinnert Euch – leibliche Eltern) und ob wir auch Christum gekannt haben nach dem Fleisch, so kennen wir ihn doch jetzt nicht mehr also."

Die ersten Gläubigen haben Jesus gesehen, angefasst und mit ihm bis zu seiner Himmelfahrt zusammengelebt. Im Kapitel 4 Vers 18 in diesem Brief steht es noch eindeutiger: „Die wir nicht sehen auf das Sichtbare, sondern auf das Unsichtbare. Denn was sichtbar ist, ist zeitlich, was aber unsichtbar ist, das ist ewig." So ist erneut erklärt worden, wie wichtig diese beiden Grundsätze zu unterscheiden sind, und weil das so ist, wird uns immer mehr bewusst, es geht in der gesamten Heiligen Schrift um eine fleischliche und eine geistliche Gesinnung. Schon im ersten Bund hat Gott es durch den Propheten Hesekiel im Kapitel 11 Vers 19 verkünden lassen: „Und ich will euch ein einträchtiges Herz geben und einen neuen Geist *in* euch geben und will das steinerne Herz wegnehmen aus eurem Leibe und ein fleischernes Herz geben. Auf das sie in meinen Satzungen wandeln und meine Rechte halten und darnach tun, *so will ich ihr Gott sein!*"

Wer die Bibel ein wenig kennt, der weiß, dass in unseren Väterzeiten Gott seine ersten Gebote Mose verhieß und durch ihn, diese dann auf *steinerne* Tafeln verewigt wurden. Dessen ungeachtet, widersetzte sich das Volk und hielt die Gebote *nicht* ein. Vielmehr zeigen diese Satzungen *die Unfähigkeit* der Menschenherzen auf, Gott mehr zu gehorchen, als dem Fleisch.

So ist das Gesetz (geistlich), das heilig und gut ist, den Menschen zum Verhängnis geworden. Obwohl es ihnen zum Leben gereichen sollte, bewirkt es den Tod. Denn alle Menschen sind schuldig und da ist nicht einer der gerecht sei, auch nicht einer, und somit Sünder vor dem Herrn. Bekannt ist an dieser Stelle das Wort aus dem Römerbrief Kapitel 6 Vers 23: „Denn der *Tod ist der Sünde Lohn*, aber die Gabe Gottes ist das ewige Leben *in* Christo Jesu, unserem Herrn."

Da sind wir wieder an dem Zustand angekommen, wo wir an der Kasse stehen und alles offen und bloß vor Gottes heiligen Augen liegt und wir rufen, sogar schreien müssen: „Ich elender Mensch! Wer wird mich erlösen von dem Leibe dieses Todes?" Das ist ja die Frage aller Fragen, zu allen Zeiten. Und auch in diesem Brief an Euch, habe ich sie immer wieder kindlich gestellt. Was kann ich tun, um gerettet zu werden? Die Opfergaben sowie die Kirchenmitgliedschaften hatten wir betrachtet, und nun sind wir bei dem Gesetz der steinernen Tafeln angelangt. „Doch was diesem Gesetz unmöglich war, wissen wir ja nun, dass es durch das Fleisch geschwächt wurde, dass *tat Gott* und sandte seinen Sohn in der Gestalt des sündhaften Fleisches, um der Sünde halben und verdammte die Sünde im Fleisch. Auf das die Gerechtigkeit vom Gesetz gefordert *in* uns erfüllt würde, die wir nun nicht nach dem Fleisch wandeln, sondern nach dem Geist. Denn die da fleischlich sind, die sind fleischlich gesinnt. Aber fleischlich gesinnt sein ist der Tod (getrennt von Gott) und geistlich gesinnt sein ist Leben und Friede. Denn fleischlich gesinnt sein, ist eine Feindschaft wider Gott." Gott ist Geist, und die ihn anbeten, müssen in Geist und Wahrheit anbeten. (Johannes Evangelium Kapitel 4 Vers 24)

„Bedenket, dass das Fleisch dem Gesetz Gottes nicht untertan ist, denn es vermag es auch nicht. Die aber fleischlich sind, können Gott nicht gefallen!" (Nachzulesen im Römerbrief Kapitel 8 Vers 3– 8)

Ab dem neunten Vers des Römerbriefes gibt uns Gott, der Geist ist, einen *Einblick in das Geheimnis* des Glaubens: „Ihr aber, sagt er zu den Glaubenden, ihr seid nicht fleischlich (wer Ohren hat der höre), sondern geistlich. So denn Gottes Geist *in* euch wohnt. Wer aber Christi Geist nicht hat, der ist *nicht sein*. So aber *Christus in euch wohnt*, so ist der Leib zwar tot um der Sünde willen, *der Geist* aber *ist Leben* um der Gerechtigkeit willen. So nun *der Geist* des, der Jesum von den Toten auferweckt hat, *in euch wohnt*, so wird auch derselbe *Geist*, der Christum von den Toten auferweckt hat, eure sterblichen Leiber lebendig machen um deswillen, *dass sein Geist in euch wohnt*!

Denn wo wir nach dem Fleisch leben, so werden wir sterben müssen, wo wir aber durch den Geist des Fleisches Geschäfte (die Handlungen) töten, so werden wir leben. Denn welche *der Geist Gottes treibt*, die sind *Gotteskinder*! Denn die Glaubenden haben nicht einen knechtischen Geist empfangen, dass sie sich abermals fürchten müssten – sondern sie haben einen *kindlichen Geist* empfangen durch welchen sie rufen können: *Abba lieber Vater*!" Hoffentlich ist allen Lesern klar geworden, dass damit nicht ein Kardinal oder anderes Kirchenoberhaupt gemeint sein kann. Mit dem Wort aus der Bibel im Matthäus Evangelium Kapitel 23 Vers 9 wird dies nämlich völlig ausgeschlossen. Und wenn sich ein Glaubensbruder „Heiliger Vater" nennen lässt, ist solch ein Pontifex (ursprünglich heidnischer Oberpriester im vorchristlichen Rom) schon als Lügner von dem lebendigen Wort Gottes überführt. Zum Ruf der Gotteskinder, zu *ihrem wahren Vater* der Bibel, noch einige Verse aus dem herrlichen Buch der Bücher, der Heiligen Schrift.

Wir haben eben offenbart bekommen, dass der Geist Gottes, also der Geist Christi, *in* dem Glaubenden Wohnung nimmt und derselbige Geist Zeugnis unserem *Geist* gibt, dass wir *Gotteskinder* sind! Sind wir durch diese Wiedergeburt (Nikodemusgeschichte) Kinder, so sind wir auch *Erben* und *Miterben Christi*. So wir anders mitleiden, auf dass wir auch mit zur *Herrlichkeit* erhoben werden. Der erste Johannesbrief ruft im vierten Kapitel die Glaubenden auf, die Geister zu prüfen und warnt vor falschen Lehrern. Mir geht es jetzt aber um die Gotteskindschaft und den *in* dem Gläubigen wohnenden *Heiligen Geist*.

„Ihr Lieben, glaubet nicht einem jeglichen Geist, sondern prüfet die Geister, ob sie von Gott sind, denn es sind viele *falsche Propheten* ausgegangen in die Welt". (Vergleichsstelle 1. Thessalonicher Kapitel 5 Vers 21)

„Daran sollt ihr den Geist Gottes erkennen: Ein jeglicher Geist, der da bekennt (also ein klares Bekenntnis), dass *Jesus Christus* ist *in das Fleisch gekommen, der ist von Gott*! Und ein jeglicher Geist der da nicht bekennt, dass Jesus Christus ist *in* das Fleisch gekommen, der ist *nicht von Gott*. Und das ist der *Geist des Antichrist* von welchen ihr habt gehört, dass er kommen werde und *er ist jetzt schon in der Welt.* Kindlein, ihr seid von Gott und habt jene überwunden. *Denn der in euch ist, ist größer; als der in der Welt ist*: Sie sind von der Welt, darum reden sie von der Welt und *die Welt hört sie.* Wir Glaubenden sind von Gott und wer Gott erkennt der hört uns; welcher nicht von Gott ist, der hört uns nicht. Daran erkennen wir *den Geist der Wahrheit* und den Geist des Irrtums. Ihr Lieben (so geht es ab Vers 7 weiter), lasst uns untereinander lieb haben, denn *die Liebe ist von Gott,* und wer lieb hat, der ist von Gott geboren (was vom Fleisch ist, ist Fleisch, was vom Geist ist, ist Geist) und *kennt Gott*! Wer nicht lieb hat, der kennt Gott nicht, *denn Gott ist die Liebe*!"

Kehren wir nun wieder zu der Frage zurück, ob wir den Zehntenteil des Einkommens zahlen sollen oder müssen. Im Licht der eben gehörten Worte des Herrn würde ich ganz eindeutig sagen – nein! Um auch den Unterschied zwischen Körperschaften des öffentlichen Rechts, eingetragenen Vereinen und *der Familie Gottes* noch deutlicher hervorzuheben, schauen wir in die Apostelgeschichte Kapitel 4 Vers 32: „Die Menge der Gläubigen war ein Herz und eine Seele auch *keiner* sagte von *seinen* Gütern, das sie *sein* wären, sondern es war ihnen *alles gemein* (Gemein ... de)! „Es war auch *keiner* unter ihnen der Mangel hatte, denn wie viel ihrer waren, die da Äcker oder Häuser hatten, die verkauften sie und brachten das Geld des verkauften Gutes!" (Vers 34)

„.... und man gab einen jeglichen was ihm Not war ..." (Vers 35) Was für ein *Zeugnis* der Liebe, *Gott ist die Liebe* und wenn diese in das Herz des Glaubenden ausgegossen ist, dann bringt sie solche Frucht und vieles mehr hervor. Die Apostelgeschichte im Kapitel 2 sagt es ebenso: „Die nun sein *Wort* (im Anfang war das Wort und Gott ist das Wort) gern annahmen, ließen sich taufen und wurden hinzugetan an dem Tage bei dreitausend Seelen." Somit wäre auch gleich der Einwand entkräftet, so ein Leben ginge nur in einer kleineren Gemeindezahl.

„Sie blieben aber beständig *in der Apostel Lehre* (die Heilige Schrift) und *in der Gemeinschaft* im Brotbrechen und im Gebet. *Alle* aber, die gläubig geworden waren, waren *beieinander* und hielten *alle Dinge gemein.* Ihre Güter und Habe verkauften sie und teilten sie aus unter *alle*, nach *dem jedermann* Not war!"

Welch' eine herrliche Gemeinschaft der Kinder Gottes in dem einen Geist Gottes, dem Geist Christi, der die Liebe ist. „Denn die Liebe Gottes ist des Gesetzes Erfüllung. Die Liebe tut den Nächsten nichts Böses!" (Römerbrief Kapitel 10 Vers 4 und Kapitel 13 Vers 10)

Über den 10. Teil eines Lohnes braucht demzufolge auch nichts mehr angemerkt werden. Es ist geradezu ein Hohn gegenüber dem, was der Geist den Gemeinden offenbart hat und *in Christo* anbietet! Genauso betrifft es die vielen Charismatisch- Pfingstlichen Vereinigungen und Baptistengemeinschaften, in denen die Gemeindeordnung einfach außer Kraft gesetzt wird. Schon die Überschrift im 1. Korintherbrief Kapitel 14 sagt aus, worum es sich handelt: „Vom Gebrauch der Lehrgabe und des Zungenredens; von Guter Ordnung im Gottesdienst". Vielleicht haben einige von den Lesern keine Kenntnis über das so genannte Zungenreden. Darum sollen die folgenden Verse zum besseren Verständnis dienen. Strebt nach der Liebe! Bemüht euch um die Gaben des Geistes, am meisten aber um die Gabe der prophetischen Rede! Denn wer in Zungen redet, der redet nicht für Menschen, sondern für Gott; denn niemand versteht ihn, vielmehr redet er im Geist von Geheimnissen. Wer aber weissagt, der redet den

Mensch zur Besserung und zur Ermahnung und zur Tröstung. Wer mit Zungen redet, der bessert sich selbst. Wer aber weissagt, der bessert die Gemeinde. Ich wollte, dass ihr alle mit Zungen reden könntet, aber vielmehr, dass ihr weissagt. Denn der da weissagt ist größer, als der mit Zungen redet; es sei denn, dass er's auch auslege, dass die Gemeinde davon gebessert werde. Nun aber liebe Brüder, wenn ich zu euch käme und redete mit Zungen, was wäre es euch nütze, so ich nicht mit euch redete entweder durch Offenbarung oder durch Erkenntnis oder durch Weissagung oder durch Lehre?

Verhält sich's doch auch so mit den Dingen, die da lauten und doch nicht leben; es sei eine Pfeife oder eine Harfe; wenn sie nicht unterschiedene Töne von sich geben, wie kann man erkennen, was gepfiffen oder geharft ist; Und so die Posaune einen undeutlichen Ton gibt, wer wird sich zum Streit rüsten; Also, auch ihr, wenn ihr mit Zungen redet, so ihr nicht deutliche Rede gebet, wie kann man wissen, was geredet ist; Denn ihr werdet in den Wind reden. Es ist mancherlei Art der Stimmen in der Welt und derselben keine ist undeutlich. So ich nicht weiß der Stimme Bedeutung werde ich unverständlich sein dem, der da redet und der da redet wird mir unverständlich sein. Also, auch ihr, ihr euch ja fleißiget der geistlichen Gaben, trachtet darnach, dass ihr alles reichlich habt, auf dass ihr die Gemeinde bessert. Darum, welcher mit Zungen redet, der bete also, dass er's auch auslege. Denn so ich mit Zungen bete, so betet mein Geist; aber mein Sinn bringt *niemand Frucht*. Wie soll es aber denn sein; ich will beten mit dem Geist und will beten auch im Sinn; ich will Psalmen singen im Geist und will auch Psalmen singen mit dem Sinn. Wenn du aber singest im Geist, wie soll der, so an des Laien statt steht Amen sagen auf deine Danksagung, wenn er nicht weiß, was du sagst; Du danksagest wohl fein; aber der andere wird nicht davon gebessert. Ich danke meinen Gott, dass ich mehr mit Zungenrede denn ihr alle. Aber ich will in der Gemeinde lieber fünf Worte reden mit meinem Sinn, auf dass ich auch andere unterweise, denn zehntausend Worte mit Zungen.

Liebe Brüder werdet nicht Kinder an dem Verständnis, sondern an der Bosheit seid Kinder, an dem Verständnis aber seid vollkommen. Wenn nun die ganze Gemeinde zusammenkäme an einen Ort und redeten alle mit Zungen, es kämen aber hinein Laien oder Ungläubige, würden sie nicht sagen – ihr wäret unsinnig? So sie aber weissagten und käme dann ein Ungläubiger oder Laie hinein, der würde von ihnen allen gestraft und von allen gerichtet; Und also würde das Verborgene seines Herzens offenbar und er würde also fallen auf sein Angesicht (nicht auf den Rücken). Gott anbeten und bekennen, dass Gott wahrhaftig *in euch sei*. Wie ist es denn nun liebe Brüder?! Wenn ihr zusammen kommt, so hat ein jeglicher Psalmen, er hat eine Lehre, er hat Zungen, er hat Offenbarung, er hat Auslegung, lasset alles geschehen zur Besserung".

(Die nächsten Verse mögen bitte von denen ernst genommen werden, die solche Vereinigungen betreiben!) „So jemand in Zungen redet, so seien es ihrer *zwei* oder aufs höchste *drei* und einer nach den andern und *einer lege es aus*. Ist aber *kein Ausleger da, so schweige* er *in der Gemeinde*, rede aber sich selber und Gott. Weissager lasset reden zwei oder drei und *andere* lasset richten.

So aber eine Offenbarung geschieht einen anderen, der da sitzt, (... so holt die Polizei und werft ihn raus, sprecht ihm Hausverbot aus, zeigt ihn an oder sperrt ihn ins Gefängnis – nein, niemals!) so schweige der erste.

Dies bedeutet also, in der Gemeindeversammlung können *alle* zu Wort kommen. Einer nach dem anderen - wenn man ihn natürlich lässt! Die Praxis nämlich beweist es leider anders.

Den Bereich der Körperschaft des öffentlichen Rechts und der eingetragenen Vereine möchte ich nun nicht mehr weiter betrachten, obwohl es noch viel hinzuzufügen gäbe. Dennoch, eines möchte ich noch einmal deutlich aussprechen: Auch diese sind vom Wort abgewichen!

Ja HERR, mein Gott, gibt es denn keine andere Möglichkeit zu predigen, als die, Armut sei ein Fluch und Reichtum sei der Segen Gottes? Oder nur ein halbes - ein anderes Evangelium zu verkünden, als du es offenbart hast? Wo hört man denn noch eine Predigt vom Ernst der Nachfolge, von der Absage der Welt, vom sich „Gestorben" halten, von den Drangsalen, Trübsalen und Verfolgungen? Auch das der Herr gesagt hat: „Ihr werdet gehasst werden von jedermann, um meines Namens Willen" ist nichts zu vernehmen. Es ist erschreckend zu sehen: den Willen Gottes gegenüber der Realität.

Wenn doch wenigstens ein Eingeständnis der Verfehlungen bekannt würde, dann könnte der HERR helfen und heilen. Doch so wird wohl das ernste Wort des Apostels Paulus, meines Bruders im Herrn Jesu Christi, Gültigkeit haben, der Brief des Paulus: „Ein Apostel, nicht von Menschen und auch nicht durch Menschen demokratisch gewählt, per Volksentscheid, sondern durch Jesum Christum und Gott den Vater, der ihn auferweckt hat von den Toten und *in* uns wohnt. Und alle Brüder die bei mir sind und den Gemeinden in Galatien. Gnade sei mit euch und Friede von Gott dem Vater unseres Herrn Jesu Christi. Der sich selbst für unsere Sünden gegeben hat, dass er uns errette von dieser gegenwärtigen argen Welt nach dem Willen Gottes unseres Vaters, welchem sei Ehre von Ewigkeit zu Ewigkeit! Amen. Mich wundert, dass ihr euch so bald abwenden lasset von dem, der euch berufen hat in die *Gnade Gottes / Gnade Christi* zu *einem anderen Evangelium*.

So doch kein anderes ist, außer dass etliche sind, die euch verwirren und wollen *das Evangelium Christi verkehren*. Aber so auch wir oder ein Engel vom Himmel euch würde Evangelium predigen anders, denn das wir euch gepredigt haben, *der sei verflucht*."

Dieses Wort bedeutet doch nichts anderes, als dass, wer die Bibel verlässt, verfälscht oder anders predigt, verflucht ist. Der Galaterbrief Kapitel 1 Vers 9 möge es noch mal hervorheben:

„Wie wir jetzt gesagt haben, so sagen wir auch abermals: So *jemand* euch Evangelium predigt *anders*, denn das ihr empfangen habt – *der sei verflucht*."

In Anbetracht dieser Tatsache sollten eigentlich die Personen sich darüber im klaren sein, die mit dem Wort Gottes - der Heilsbotschaft - umgehen. Insbesondere diejenigen, die das Evangelium möglichst „humanistisch" an den Mann oder die Frau bringen wollen, aber letztlich mit ihrer Irrlehre ganze Häuser verkehren. Im Vers 10 sagt der Heiden Apostel: „Predige ich denn Menschen oder Gott zu Dienst? Oder gedenke ich Menschen *gefällig* zu sein? Wenn ich den Menschen noch *gefällig* wäre, so wäre ich Christ Knecht *nicht*."

Trotz dieser klaren Aussage stellt sich die Praxis ersichtlich anders dar. Überprüft selber einmal was hier ausgesagt wurde, mit dem, was in unserer heutigen Zeit praktiziert wird! Sehet doch hin und fürchtet Euch nicht! Wenn wir den Menschen gefällig sind, dann sind wir Christi Knechte nicht. Hierzu fällt mir ein Text ein, den ich ' 94 gefunden habe:„Das Alte und das Neue Kreuz".

Fast unbemerkt ist in unserer modernen Zeit ein Neues Kreuz in viele gläubige Kreise eingedrungen. Zwar *ähnelt* es dem Alten Kreuz, nur mit dem *Unterschied*, dass diese *Ähnlichkeit* eine imitierte ist und dass es sich dennoch *wesentlich* von dem Alten unterscheidet. Von diesem Neuen Kreuz ist eine neue Philosophie auf das Christenleben übergesprungen und diese neue Philosophie brachte eine neue Evangelistische Methode mit sich. *Eine neue Art* der Versammlung und des Predigens. Diese *neue Verkündigung* gebraucht dieselbe Sprache wie die alte, aber der *Inhalt ist nicht derselbe* und der Schwerpunkt ist verschoben worden.

Das Alte Kreuz hat *nichts* mit der Welt zu schaffen. Für Adams stolzes Fleisch bedeutet es den Tod. Durch dieses Kreuz verwirklichte sich der Richterspruch, der über den auf dem Berg Sinai gegebenen Gesetz lag. (Wir hatten schon die steinernen Tafeln des Gesetzes und den Neuen Bund, der durch Christi Sterben am Kreuz auf Golgatha gestiftet wurde betrachtet.)

Das *andere*, das Neue Kreuz steht nicht im Gegensatz zur Welt. Nein, es ist eigentlich ein freundlicher Kumpan der Welt. Wenn man es recht versteht, die Quelle guter und sauberer Unterhaltung und unschuldiger Vergnügen. Es lässt *den Menschen* unbehelligt leben. Die *Lebensmotive* sind unverändert geblieben! Der Mensch lebt noch immer zu seinem *eigenen* Vergnügen. Nur dass er jetzt christliche Lieder singt und sich religiöse Filme ansieht, anstelle von anstößigen Liedern oder stark alkoholisierte Getränken zu sich nimmt. Die Betonung liegt noch immer auf *Vergnügungen*, obwohl es nun einen moralisch höheren Standard, wenn nicht gar einen intellektuellen erreicht hat. Das Neue Kreuz bringt eine neue und völlig unterschiedliche *Evangelisationsmethode* mit sich. Der

Evangelist (Prediger) verlangt *keine Absage an den alten Lebenswandel*, bevor ein neuer empfangen werden kann. Denkt an die Nikodemus Geschichte, was vom Fleisch ist, ist Fleisch – was vom Geist ist, ist Geist.

Der Prediger des Neuen Kreuzes versucht sich dem öffentlichen Interesse anzupassen, indem er zeigt, dass das Christentum keine unangenehmen Forderungen stellt, sondern *dasselbe* anbietet, wie die Welt, nur auf einem höheren Niveau. (Diese Predigt belügt den suchenden Sünder!)

Das, wonach die sündenverrückte Welt momentan schreit, bietet dieses neue Evangelium, nur mit dem Unterschied, dass dieses *religiöse Produkt* besser zu sein scheint. Das Neue Kreuz zerbricht den Sünder nicht, es gibt ihm nur eine andere Richtung. Es treibt ihn dazu, auf eine saubere und fröhlichere Art zu leben und *erhält dem Sünder so seine Selbstachtung*. Dem Überheblichen sagt das Neue Kreuz: Komm setze dich für Christus ein! Dem Egoisten sagt es: Komm und rühme dich in dem Herrn! Zu dem Enthusiasten spricht es: Komm und freue dich an der Botschaft der Gläubigen!

Die Christen Botschaft neigt sich also in die Richtung der gegenwärtigen Mode, um sich der Öffentlichkeit *anzupassen*. (Die Christen werden immer weltlicher, und die Welt wird immer christlicher). Der philosophische Beweggrund dieses ganzen Vorgehens mag wohl ein aufrichtiger sein, aber diese Aufrichtigkeit bewahrt ihn *nicht* davor, *falsch* zu sein. *Er ist falsch*, weil er aus der Blindheit heraus geformt wurde und dadurch vollständig an der Bedeutung des Kreuzes Christi vorbeischießt. (Wer ein anderes Evangelium predigt als die Bibel, der sei verflucht) Das alte Kreuz ist ein Symbol des *Todes für die Menschheit*. Es ist ein Sinnbild für das jähe, schreckliche *Ende des alten Adams,* des Menschen. Der

Mann, der zu der Zeit der römischen Herrschaft *sein Kreuz* die Straße hinauftrug, hatte sich bereits von seinen Freunden verabschiedet. Er ging *nicht* hinaus um seinem Leben eine andere Richtung zu geben, sondern es zu beenden.

Das Kreuz ging keine *Kompromisse* ein, milderte *nichts* – es tötete den Menschen ein für allemal und versuchte nicht, mit seinem Feind auf gutem Fuß zu leben. Es schlug grausam und hart zu. (Karfreitag ist grausame Wirklichkeit und keine Theologische Sache!) Als das Kreuz „seine Arbeit" getan hatte, war der Mann nicht mehr vorhanden! Der *alte Adam* wurde und ist immer noch zum Tode verurteilt. Da gibt es kein Entrinnen – nur in der Glaubenstaufe.

Gott kann keine Frucht aus der Sünde heraus gutheißen, auch wenn sie unschuldig, oder sogar schön in den Augen der Menschen sein mag. Gott zerbricht den Menschen, in dem er das alte Wesen in *ihm* sterben lässt und ihn dann zu einem *neuen Leben* emporhebt! Die Verkündigung, die zwischen dem Weg Gottes und dem Weg der Welt freundliche Parallelen zieht, ist aus der Sicht der Bibel falsch und ein grausames *Verbrechen an den Herzen* jener, die diese Predigt hören.

Der Glaube Christi verläuft nicht parallel mit der Welt, sondern durchtrennt sie. Wenn wir zu Christus kommen, bringen wir unser altes Leben nicht auf eine höhere Ebene, *sondern lassen es am Kreuz* und im *Grab*. Das Weizenkorn muss in die Erde fallen und sterben, sonst bringt es keine Frucht hervor. Wer das Evangelium predigt und bekennt, muss sich nicht als *öffentlicher Vermittler* darstellen, der gesandt ist, zwischen Christus und der Welt ein *gutes Einvernehmen* herzustellen. Wir dürfen der Lüge nicht den Glauben schenken, es sei unsere Aufgabe Christus dem Fortschritt, der öffentlichen Meinung (Demokratie), dem Sportgeist oder der modernen Bildung anzupassen. Wir Glaubenden sind *keine Diplomaten*, sondern Propheten, Könige und Priester. Unsere Botschaft ist kein Kompromiss, sondern ein *entweder* für Christus, *oder* gegen Christus! Ein Ja zur Bibel oder ein Nein! Gott bietet das Leben an, welches Er uns anbietet, ist das Leben aus dem Tode heraus. Willst Du leben, musst Du sterben!

„Und zwar hat Gott ja die Zeit der Unwissenheit übersehen, nun aber gebietet er allen Menschen an allen Enden Buße zu tun. Darum das Er einen Tag gesetzt hat, an welchen Er richten will den Kreis des Erdbodens mit Gerechtigkeit durch einen Mann, in welchen Er es beschlossen hat und JEDERMANN vorhält den Glauben nach dem Er ihn hat von den Toten auferweckt." (Dieser wohnt durch den Glauben in unseren Herzen, Halleluja!) Apostelgeschichte Kapitel 17 Vers 30 und 31.

Wer auch immer dieses ewige Leben haben will, muss sich unter der Zuchtrute Gottes beugen. Jedem, der dies lediglich als eine begrenzte oder private Meinung der Wahrheit bezeichnet, möchte ich im Namen Jesus sagen, dass Gott der Allmächtige dieser Botschaft seit der Zeit des Paulus bis auf den heutigen Tag seinen Siegel aufgedrückt hat. Ob sie nun in solch einer exakten Aussage wie hier wiedergeben wird oder nicht, dies ist der Inhalt aller Verkündigung, die der Welt durch die Zeitalter hindurch Leben und Kraft gebracht hat. Oder wagen wir es, als die Erben solch eines machtvollen Testamentes, an der Wahrheit herumzufuschen?! Riskieren wir es, mit unseren stumpfen Bleistiften „die Linien des Ratschlusses Gottes" zu verwischen, oder das uns auf dem Berg Sinai gezeigte Muster zu ändern? Die Heilige Schrift warnt uns mit dem Wort aus der Johannes Offenbarung Kapitel 22 Vers 18-20 davor: „Ich bezeuge allen, die da hören die Worte der Weissagung in diesem Buch; so jemand dazusetzt, so wird Gott zusetzen auch ihn die Plagen, die in diesem Buch geschrieben stehen. Und so jemand davon tut von den Worten des Buches dieser Weissagung, so wird Gott abtun sein Teil vom Holz des Lebens und von der Heiligen Stadt, davon in diesem Buch geschrieben ist."

Lest die Bibel, lest die Bibel, lest die Bibel! Auf allen Informationsblättern oder der Internetseite immer und immer wieder der klare Aufruf: „Lest und prüft alles anhand der Bibel, dem Wort des lebendigen Gottes – unbedingt, tut es um Jesu Christi Willen!"

Ich appelliere an Euch in diesem Namen, hört auf Ihn, auf sein Wort und wendet Euch ab von aller Lehre, die mit der Bibel nicht übereinstimmt. Warnt alle Menschen, es geht um die ewige Herrlichkeit bei Gott unserem Vater oder *der ewigen Pein!*

Das könnte ein schöner Briefschluss sein, aber einiges habe ich noch auf dem Herzen zu liegen und möchte es gerne noch mitteilen.

Wenn nun alle Organisationen, Landeskirchen, Körperschaften des Öffentlichen Rechts, alle einge-tragenen und anerkannten Vereine einen Zusammenschluss bilden unter dem Namen „Ökumene", eine Welteinheitskirche erstehen lassen unter dem Geist der versöhnten Vielfalt, was wäre das für ein Haufen, in der jeder seine Abtrünnigkeiten, die wir zuvor schon beleuchtet hatten, ausleben könnte?! Einheit - anstatt Wahrheit; Toleranz - anstatt Gehorsam dem Worte Gottes gegenüber; Akzeptanz - gegenüber jeder sexuellen und geistlichen Perversion jeglicher Gestalt, anstelle des Vorbildes Jesu Christi?! Jetzt werden viele von Euch Lesern denken, dass Maß ist voll ... Ich sage, noch lange nicht! In dieser liberalen toleranten Haltung wird die Öffnung zu allen anderen Religionen der Welt gefordert und gefördert, wie dem kürzlich vorange-gangenen - Schulunterrichtsstreit - der weltoffenen „Weltstadt Berlin"!

Zu dem katholischen Mitglied Herrn Wowereit, dem derzeitigen Bürgermeister von Berlin, hatte ich mich schon ganz klar biblisch geäußert. Es ist eben nicht „gut so", wenn dem Schöpfer von Himmel und Erde eine solche Ignoranz entgegengebracht wird. Dieses bleibt nicht ohne sittliche und andere Folgen für unser Land. Es gibt immer Segen oder Fluch, ein drittes Angebot steht nicht im Programm. Ergreifen wir doch den Segen für uns selbst, für unsere Familien und den Nachbarn, für die Stadt, dem Land, den Völkern der Erde!

Wenn wir aber fortfahren, *eine neue Weltordnung* (One World), in der Gestalt der Vielgötterei unter dem Deck-mantel des Friedens und der Gerechtigkeit zu errichten, erfüllt sich die Heilige Schrift - das prophetische Wort - auf das Genaueste. Hierauf möchte ich später noch näher eingehen.

Wie sieht Gott, der Herr der Bibel, solch ein finsteres Treiben und was sagt Er in seiner großen Geduld zu uns? Dein Wort, dein Ratschluss, dein Heiliger Geist komme über uns, bitte mein Gott schenke uns voll ein – im Wasserbad des Wortes! Amen.

Schon im ersten Bundschluss im Alten Testament im zweiten Buch Mose Kapitel 20 ab Vers 1- 7 ist zu hören: „Und Gott redete all diese Worte: Ich bin der HERR. Dein Gott, der ich dich aus Ägyptenland, aus dem Diensthause geführt habe. (Dieser Ausspruch gilt auch für jeden Glaubenden unserer Zeit, da Ägypten in der Bibel ein Bild für die Welt und ihrer *Knechtschaft* ist, also eine Fremdherrschaft, von der Gott uns befreit hat „in Christus".) Du sollst keine anderen Götter neben mir haben. (Auch nicht die, die sagten, wir haben ja alle nur ein und demselben Gott.)

Du sollst dir kein Bildnis noch irgendein Gleichnis machen, weder des, dass oben im Himmel, noch des, das unten auf Erden, oder des, das im Wasser unter der Erde ist. (Ich denke an all die heiligen Bilder, Ikonen und Statuen, die vielen Schutzpatrone und vieles mehr, jedoch der Höhepunkt aller Verwirrung ist die Hostienanbetung – Eucharistie.) Bete sie *nicht* an und diene ihnen *nicht*. Denn Ich der Herr, dein Gott, bin ein eifriger Gott, der da heimsucht der Väter Missetat an den Kindern bis in das dritte und vierte Glied, die mich hassen; und tue Barmherzigkeit an vielen Tausenden, die mich lieb haben und meine Gebote halten.

Du sollst den Namen des Herrn, deines Gottes *nicht* missbrauchen; denn der Herr wird den nicht ungestraft lassen – der *seinen Namen* missbraucht." Oh weh, wie viele sollten hier *gut hinhören!* Unbedingt muss an dieser Stelle noch mein Freund Jeremia zu Wort kommen, den der HERR schon früh in den Dienst zum Propheten berufen hatte und dessen ganzes Buch wundervoll ist (Jeremia Kapitel 10 Vers 2 – 21):

„So spricht der Herr (durch Jeremia): Ihr sollt nicht der Heiden Weise lernen und sollt euch nicht fürchten vor den Zeichen des Himmels, wie die Heiden sich fürchten. (Horoskope jeglicher Art, auch Pendeln, Tarot Karten, Wahrsagen in jedem Sinn und was es sonst noch so in der New Age Szene gibt, Kupferarmbänder, Yoga, Akupunktur, Hypnose, eben die gesamten okkulten, finsteren Dinge – Satanismus!) Denn der Heiden Satzungen sind lauter nichts. Denn sie hauen im Walde einen Baum, und der Werkmeister macht Götter mit dem Beil und schmückt sie mit Silber und Gold und heftet sie mit Nägeln und Hämmern, dass sie nicht umfallen. (Genauso wie der Götzenbaum / Weihnachts-baum am Breitscheidplatz vor der Gedächtniskirche!) Es sind ja nichts als überzogene Säulen. (Marien und Madonnen-Standbilder!) Sie können nicht reden; so muss man sie auch tragen, denn sie können nicht gehen. Darum sollt ihr euch nicht vor ihnen fürchten, denn sie können weder helfen noch Schaden tun.

Aber dir, Herr, ist NIEMAND gleich; du bist groß und dein Name ist groß; und kannst es mit der Tat beweisen. Wer sollte dich nicht fürchten, du König der Heiden? Dir sollte man gehorchen; denn es ist unter allen Weisen der Heiden und in allen Königreichen deinesgleichen nicht. Sie sind allzumal Narren und Toren; denn ein Holz (Materie) muss ja ein nichtiger Gottesdienst sein. Silber und Blech bringt man aus Tharsis, Gold und Lephas durch den Meister und Goldschmied zugerichtet; blauen und roten Purpur zieht man ihm an und ist alles der Weisen Werk. (Auch die Puppe aus Brasilien „Jesu Bambino" oder der Schrein im Kölner Dom mit den Knochen der unbiblischen drei heiligen Könige sind pure Gotteslästerung!)

Aber der Herr ist ein rechter Gott, ein lebendiger Gott, ein ewiger König. Vor seinem Zorn bebt die Erde und die Heiden können sein Drohen nicht ertragen. So sprecht nun zu ihnen also: Die Götter, die Himmel und Erde *nicht* gemacht haben, müssen vertilgt werden von der Erde und unter dem Himmel. Er aber hat die Erde durch seine Kraft gemacht und den Weltkreis bereitet durch seine Weisheit und den Himmel ausgebreitet durch seinen Verstand. (Die meisten Menschen sagen, so etwas gibt es doch nicht, wenn man aber auf ein Auto zeigt und sagt, das ist von selbst entstanden, da meinen die Leute, man sei verrückt. Aber das Universum mitsamt Sonne, Mond, Erde und alles was auf ihr ist, soll nach wissenschaftlicher Auffassung von ganz alleine entstanden sein?)

Wenn er donnert, so ist des Wassers die Menge unter dem Himmel und er zieht die Nebel auf vom Ende der Erde; er macht die Blitze im Regen, lässt den Wind kommen aus seinen Vorratskammern! Alle Menschen sind Narren mit ihrer Kunst und alle Goldschmiede bestehen mit Schaden mit ihren Bildern; denn ihre Götzen sind Trügereien und haben kein Leben. Es ist eitel nichts und ein verführerisches Werk; sie müssen umkommen, wenn sie heimgesucht werden. Aber also ist der nicht der Jacobs Schutz ist; sondern ER ist' s, der alles geschaffen hat und Israel ist sein Erbteil. Er heißt Herr Zebaoth, Herr der Herscharren! Tue deinen Kram weg aus dem Lande, die ihr da wohnet in der Feste. Denn so spricht der Herr: Siehe ich will die Einwohner des Landes auf dies Mal wegschleudern und will sie ängstigen, dass sie es fühlen sollen! Ach mein Herzeleid und Jammer!

Ich denke aber: Es ist meine Plage, ich muss sie leiden. Meine Hütte ist zerstört und alle meine Seile sind zerrissen. Meine Kinder sind von mir gegangen und nicht mehr da. Niemand ist, der meine Hütte wieder aufrichte und mein Gezelt aufschlage. Denn die Hirten sind zu Narren geworden und fragen nach dem Herrn *nicht*; darum können sie auch nichts Rechtes lehren und ihre ganze Herde ist zerstreut." Wie wir es eben vernommen haben, ist dieses prophetische Wort auch auf das „Sündenbabel Deutschland" und den so genannten *Führungskräften* in Kirche und Staat übertragbar. Sie sind blinde Blindenleiter!

Im Matthäus Evangelium Kapitel 15 Vers 14 sagt es der Herr Jesus so: „Lasset sie fahren! Sie sind blinde Blindenleiter. Wenn aber ein Blinder den anderen leitet, so fallen sie beide in die Grube!" Im Anschluss dazu, wäre noch das Matthäus Evangelium Kapitel 23 und Psalm 2 empfehlenswert. Bitte prüft doch selber einmal!

Es sind Worte, die ich liebe. Diese Offenheit, Wahrheit und Gerechtigkeit - wahrlich, die Bibel ist die Weisheit Gottes! So sage ich meine Meinung, die im Zweiten Brief des Petrus Kapitel 2 geschrieben steht. Alleine schon die Überschrift ist unmissverständlich: „Warnung vor lasterhaften Irrlehrer" (Vgl. auch den gesamten Judas Brief!)

„Es waren aber auch falsche Propheten unter dem Volk, wie auch unter euch sein werden, falsche Lehrer! (Wir haben ja schon im ersten Teil gehört, prüfet die Geister, ob sie aus Gott sind.) Falsche Lehrer, die neben einführen werden *verderbliche Irrlehren* und verleugnen so den Herrn, der sie erkauft hat und werden über sich selbst herbeiführen eine schnelle Verdammnis."

Die Frage, woher die Idee der Kirchenleute mit ihren Pappmützen und den anderen unmöglichen Kleidungsstücken kommt, stellte sich mir wieder in den letzten Tagen der Papstwahl und dem Weltjugendtag 2005 in Köln. Die Bibel, das Neue Testament, spricht nicht mit einer Silbe von solch einem „Theaterstück" und ist diesem Schauspiel einfach überdrüssig. Es sind leere *Menschensatzungen*, die nichts taugen und verführen nur jene, die die Bibel nicht kennen! Weiter im Text des Petrusbriefes Kapitels 2 Vers 2: „Und viele werden nachfolgen ihrem Verderben; um welcher willen wird der *Weg der Wahrheit* verlästert werden. Und durch Geiz (Habsucht) mit erdichteten Worten werden sie an euch Gewinn suchen; welchen das Urteil von lange her nicht säumig ist, und ihre Verdammnis schläft nicht. Denn Gott hat die Engel, die gesündigt haben, nicht verschont, sondern hat sie mit Ketten der Finsternis zur

Hölle verstoßen und übergeben, dass sie zum Gericht behalten werden; Und hat nicht verschont die *vorige Welt*, sondern bewahrte Noah, den Prediger der Gerechtigkeit (8 Seelen) und führte die Sintflut über die Welt der Gottlosen! Und hat die Städte Sodom und Gomorra zu Asche gemacht, umgekehrt und verdammt, damit *ein Beispiel gesetzt den Gottlosen*, die hernach kommen würden. Und hat erlöst allein den gerechten Lot, welchem die schändlichen Leute alles Leid taten mit ihrem *unzüchtigen Wandel*.

Denn dieweil er gerecht war und unter ihnen wohnte, dass er's sehen und hören musste, quälten sie die gerechte Seele von Tag zu Tag mit ihren *ungerechten Werken*. Der Herr weiß die Gottseligen aus der Versuchung zu erlösen, die Ungerechten aber zu behalten zum Tage des Gerichts, sie zu peinigen. Allermeist aber die, so da wandeln *nach dem Fleisch* in der unreinen Lust und die Herrschaft verachten, frech eigensinnig, *nicht erzittern*, die Majestäten zu lästern."

Dieser kurze Ausschnitt aus dem Petrusbrief hat sehr viele *Vergleichsstellen*, die den Leser ins Alte wie ins Neue Testament der Bibel hin und her führt – der Wind bläst eben, wo er will! So möchte ich noch diese Bibelstelle zu der Betrachtung von Irrlehren anführen.

„Gehet ein durch die enge Pforte. Denn die Pforte ist weit und der Weg ist breit, der zur Verdammnis abführt; und ihrer sind viele, die darauf wandeln. Und die Pforte ist eng und der Weg ist schmal der zum Leben führt und wenige sind ihrer die ihn finden. Sehet euch vor, vor den falschen Propheten, die in Schafskleidern zu euch kommen, inwendig sind sie reißende Wölfe. An *ihren Früchten* sollt ihr sie erkennen. Kann man Trauben ernten von den Dornen oder Feigen von den Disteln. Also, ein jeglicher guter Baum bringt gute

Früchte, aber ein fauler Baum kann nicht gute Früchte bringen. Ein jeglicher, der nicht gute Früchte bringt, wird abgehauen und ins Feuer geworfen. Darum an ihren Früchten sollt ihr sie erkennen. Es werden nicht alle, die zu mir sagen: Herr, Herr! In das Himmelreich kommen, sondern die den Willen tun *meines Vaters im Himmel*!

Es werden viele zu mir sagen an jenem Tage: Herr, Herr haben wir nicht in deinem Namen Teufel ausgetrieben? Haben wir nicht in deinem Namen viele Taten getan? Dann werde ich ihnen bekennen: „Ich habe euch noch nie erkannt; *weichet alle von mir ihr Übeltäter*! Darum, wer diese meine Rede hört und tut sie, den vergleiche ich einem klugen Mann, der sein Haus auf einen Felsen baute. Da nun ein Platzregen fiel und ein Gewässer kam und wehten die Winde und stießen an das Haus, fiel es doch nicht; Denn es war auf einen Felsen gegründet. Und wer diese meine Rede hört und tut sie nicht, der ist einem törichten Mann gleich, der sein Haus auf den Sand baute. Da nun ein Platzregen fiel und kam ein Gewässer, und wehten die Winde und stießen an das Haus, da fiel es und tat einen großen Fall." Und als Jesus diese Worte geredet hatte, entsetzte sich das Volk über seine Lehre. Denn er predigte gewaltig *und nicht* wie ihre Schriftgelehrten!"

Eine glaubende Frau sandte mir in den letzten Tagen ein Traktat mit folgenden Worten – nur ein Auszug: „Als ich letztens eine Zeitung durchblätterte, starrten mich die Fakten und Zahlen brutal an. Die Ehen kaputt!" Wohin man schaut, überall zerrüttete Verhältnisse. Selbst in den Königshäusern ist der Wurm drin. Es gibt heute kaum noch einen populären Star, der nur einem Partner treu bleibt. Welch eine Vorbildfunktion für die heranwachsende Generation seitens derer, die in der Öffentlichkeit stehen. Gemeint sind nicht nur die

Persönlichkeiten aus Namenhaften Illustrierten, sondern auch politische Autoritäten. Ich blättere weiter in der Zeitung. Pure Gewalt, Brutalität und grausames Entsetzen spiegeln sich auf den Gesichtern wieder. Versicherungsbetrug, Steuerhinterziehung, Wahlversprechen, böswillige Verleumdung, Rufmord, Hass und Neid haben unsere Welt krank gemacht. (Denkt an Adam und Eva, die im Dialog mit dem Teufel standen, der Schlange, dem Menschenmörder von Anfang an, den Vater der Lüge - Luzifer -!)

Machen wir uns doch nichts vor, es sieht schlimm um uns aus. Des Menschenherz ist eine Mördergrube, nichts Gutes ist an ihm. Ich habe fast keine Hoffnung für unsere Generation mehr. Die Jauchefässer der Unmoral sind längst explodiert und der widerliche Gestank perverser Machenschaften legt sich über unsere dahinsiechende Welt. Wir bekommen die Wirtschaft nicht in den Griff und haben keine Antwort auf Gewalt und Terror. Wir haben das gesamte Drogenproblem falsch eingeschätzt. Die junge Generation stirbt seelisch und geistig ab, bevor der Tod den Leib zerstört, oder wir zerstören den Leib, bevor er geboren wird (§ 218). Unsere Welt ist krank und das Volk betet immer weniger. Die Politiker tun es auch nicht. Und dabei hätten sie es so nötig zur inneren Stille zu kommen, um darüber hinaus beten zu können. Und die *so genannten Christen*? Sie haben sich von dem Zeitgeist anstecken lassen und wurden verzaubert! Sie opfern den Göttern der Welt und verlassen damit die Wege des Herrn. Sie treten das Wort Gottes mit den Füßen. Feinde des Kreuzes Christi sind sie geworden und verlieren ihre Kinder an die Welt. Warum haben Christen bloß die Macht des Gebets (nach Gottes Willen) verloren? Gott klagt darüber, und mit Entsetzen sieht er uns in die grausame Grube versinken. Wir ernten, was wir gesät haben! Und wie viele Christen befinden sich im Schlepptau der Finsternis und Sünde – Kinder des Teufels. Wer die gesamte Situation der Welt und den Christen in der heutigen Zeit mit wachem Auge beurteilt, der gelangt zu dem Aufschrei eines Mannes Gottes in der Bibel: „Ach Herr, wenn du doch jetzt die Himmel zerrissest und herunter kämest auf unsere Erde!"

Was aber, wenn Gott jetzt schweigt? Wenn Gott nicht redet? Wenn Er sich die Ohren zuhält? Wenn Er sich zurückzieht? Wenn Er nun „die Schotten dicht macht" und uns unserem Elend überlässt? Unausdenkbar, wenn Gott den Himmel über uns verschließe! Jedoch habe ich die Sorge, dass wir die Linie zwischen Gottes Geduld und Gottes Zorn jetzt schon überschritten haben. Aber vielleicht gibt's doch noch Gnade? Gibt's doch noch ein Zurück?

Ein Wort lässt mich dennoch aufhorchen. In der 2. Chronika im Alten Testament Kapitel 7 Vers 14 erkenne ich *Gottes Gnade*, wenn er sagt: „Und wenn mein Volk sich demütigt und sie beten zu mir und suchen wahrhaftig mein Angesicht und kehren um von ihren bösen Wegen, dann werde ich vom Himmel her hören und ihre Sünden vergeben und ihr Land heilen!" Aber solange *wir* immer noch meinen, dass *wir* es in unserer Welt schaffen können, passiert bei Gott gar nichts. Es bleibt alles beim Alten. Da wird der Anlauf zum Wahnsinn nur noch brutaler. Doch wo soll Gott anfangen, wenn nicht bei uns – bei einem jeden Leser dieser Worte?! Kennen wir ihn? Wissen wir, wer Er ist? Wie heilig sein Name ist? Das Er Sünde nicht dulden kann? Oh, nein! Gott ist nicht der alte liebe Papa, der mit gütigen Augen und weißem Bart im Schaukelstuhl sitzt und mit gutmütiger Handbewegung die Dinge in dieser Welt fahren lässt. Gott ist ein Heiliger und Gerechter. Wehe dem, wenn wir seinen Namen mit Füßen treten! Wie oft lese ich in der Heiligen Schrift von zitternden Männern, die wie tot zu seinen Füßen niederfielen, als sie sein Angesicht sahen. Erzittern wir noch vor Gottes Heiligkeit und Gerechtigkeit? Wann kommt eigentlich das Eingeständnis über unsere (geschaffenen) Lippen: „Ich bin verloren, ich bin ein unreiner Mensch von unreinen Lippen?"

Sind wir mittlerweile „alle" schon so weit von Gott abgewichen, dass wir das Empfinden zwischen Recht und Unrecht, zwischen Gut und Böse, also zwischen Licht und Finsternis verwischt haben? Dämmert unser *Gewissen* nur noch im *Tiefschlaf* dahin? Oder ist es gar schon durch den Ungehorsam gegenüber Gott und der Bibel totgeschlagen? An dieser Stelle möge eine kleine Anekdote behilflich sein.

Es war einmal ein wohlhabender Kornbauer, der hatte ein großes Gehöft mit den dazugehörigen Feldern. Auch ein Wachhund an der Kette fehlte nicht. Und so begab es sich eines Nachts, dass der Wachhund mächtig Alarm schlug. Der Bauer sprang auf, öffnete die Fensterläden und rief: „Ist da wer?" Aber nichts war zu hören und zu sehen. Er schrie zum Hund: „Sitz! Aus! Platz!" und legte sich wieder in sein warmes Bett zurück. Als der Bauer gerade richtig fest eingeschlafen war, kläffte der Hund erneut los. Der Bauer fuhr erschrocken hoch, riss die Fensterläden auf und sein Kontrollblick konnte auch diesmal nichts Besonderes auf dem Hof entdecken. Also schnauzte er den Hund diesmal noch kräftiger an: „Wenn Du zu alt bist, hole ich bald einen neuen Hund. Du altes Mistvieh! Schnauze! Sitz! Platz! Aus!" Doch kurz darauf wiederholte sich der Vorfall noch einmal. Der

Bauer zog sich nun seine Gummistiefel an und machte sich auf den Weg zur Hundehütte. Unterwegs hob er einen großen Knüppel auf und stand so vor seinem alten treuen Vierbeiner. Er keifte ihn an: „Ich hab es Dir gesagt, wenn Du nicht aufhörst mit der Kläfferei – *schlage ich Dich tot*. Und er tat es wirklich! Danach lies er alles stehen und liegen und ging in sein Bett. Von ganzem Herzen freute er sich, augenblicklich Ruhe vor diesem unmöglichen Tier gefunden zu haben.

Es ist eine sehr traurige Geschichte von diesem alten Hofhund. Ein Wachhund, der an der Kette befestigt den Hof bewachen sollte, wurde nun für seinen Dienst am Herrchen selber ein Opfer der Ungerechtigkeit halber.

Dieser Kornbauer wurde übrigens einige Tage später völlig ausgeraubt und mit aufgeschnittener Kehle, blutüberströmt, tot in seinem Bett aufgefunden. Die Todesstrafe wurde wohl in jener Nacht vollzogen, als er seinen alten treuen Freund zu Tode geprügelt hatte. Die Raubmörder hatten nach dieser Tat *freien Zugang* auf das Gehöft des Bauern und verübten ungestört in seinem Wohnhaus am Bett das Verbrechen.

Einige Leser werden dieses Gleichnis möglicherweise schon kennen. Andere wiederum werden sich fragen, wie es sich wohl damit verhält? Es passt aber zu jedem einzelnen Menschen, weil der Mensch größtenteils seines Lebens wie der beschriebene Bauer handelt. Der Wachhund ist ein Sinnbild für das *menschliche Gewissen*.

Wir haben das Gewissen oft „bellen" gehört und fuhren trotzdem in unserem Wesen weiter fort. Immer wieder befahlen wir es *zu schweigen*, aber durch immer wiederkehrende Übertretungen des Ermahnens musste das Gewissen letztendlich ausgeschaltet werden. Nur hat dieses den *Tod zur Folge*. Jeder Einzelne, Gruppen oder Verbände bis zur Regierung hin sind der Meinung, dass man keinen „Wachhund" braucht. Wozu ein mahnendes Gewissen, sind wir doch die Herren der Welt. Der Mensch kann selber bestimmen, in welche Richtung er gehen möchte. Allerdings geht die Rechnung ohne dem Wirt nicht auf, denn wir haben den - Räuber - vergessen, der nun freien Zugang zu allem und jeden hat!

Und das Ergebnis sind die Zeitungsberichte aus aller Welt. Der *Teufel ist los* und es scheint, als ob eine finstere Geschichte die andere an Perversion noch übertreffen möchte.

Gleichzeitig wird der Ruf nach einem starken Mann, der kommen muss, um endlich *Frieden und Gerechtigkeit zu schaffen*, immer lauter. Einer, der die augenblickliche Weltsituation in den Griff bekommt und das Joch der Katastrophen von uns nimmt. Der, der alle Völker in Freiheit und Einheit vereinigen und uns in eine glorreiche Zeitepoche führen wird. Ein Erlöser, der nicht nur leere Versprechungen bei den Wahlkampagnen abgibt, sondern sein Wort hält, welches er in aller Öffentlichkeit versichert.

Ja, dieser Erlöser wird kommen. *Unser Weltherr*!? Vielleicht denken jetzt manche von Euch an Jesus Christus. Aber ER ist es leider nicht, denn die meisten Menschen lehnen den Heiland der Bibel ab. So wird ein anderer *in seinem eigenen Namen* auftreten und von sich behaupten, er sei der Friedensüberbringer. Und er wird es auch ausführen können, denn er ist der Lügner, der sich als Engel des Lichts verstellt. Lasst uns dieses Thema jedoch am Schluss des Briefes noch weiter betrachten.

Die ganze Heilige Schrift gibt Auskunft über die *Zeichen der Zeit*, und deshalb möge dieses Büchlein einen Appetit zum selber Nachprüfen in der Bibel bewirken. Es gibt Begriffe, die in diesem Buch keine erschöpfende Beantwortung finden konnten, ansonsten hätte ich die gesamte Bibel abschreiben müssen. Und so stehen viele gleichnishafte Bilder auch in dem letzten Buch der Bücher, in der Offenbarung des Johannes.

Hieraus interessiert mich besonders die Stelle *der Einheit* aller Völker, Sprachen und Nationen. Ob Reiche oder Arme, Kleine oder Große – alle unter „einer Führungsmacht". Bitte lasst Euch nicht von unverstandenen Aussagen abhalten, diesen Text einmal durchzulesen. Vielen Dank.

„Und ich trat an den Strand des Meeres und sah ein Tier aus dem Meer steigen, dass hatte sieben Häupter und zehn Hörner und auf seinen Häuptern zehn Kronen und auf seinen Häuptern Namen der Lästerung. (Durch häufige Bibellese werden alle Begriffe erklärt und beleuchtet!) Und das Tier, das ich sah, war gleich einen Parder, und seine Füße wie Bärenfüße und sein Mund wie eines Löwen Mund. Und der Drache gab ihm seine Kraft und seinen Thron und große Macht (Der Drache wurde in den vorherigen Kapiteln der Offenbarung beschrieben.) Und ich sah seiner Häupter eines als wäre es tödlich wund; und seine tödliche Wunde ward heil. Und der *ganze Erdboden* verwunderte sich des Tieres. Und sie beteten den Drachen an, der dem Tier die Macht gab und beteten das Tier an und sprachen: Wer ist dem Tier gleich und wer kann mit ihm Kriegen? Und es ward ihm *gegeben* ein Mund, zu reden große Dinge und Lästerungen und ward ihm *gegeben*, dass es mit ihm währte zweiundvierzig Monate lang. Und es tat seinen Mund auf zur Lästerung gegen Gott, zu lästern seinen Namen und seine Hütte und die im Himmel wohnen. Und ihm ward *gegeben* zu streiten mit den Heiligen und sie zu überwinden: Und ihm ward *gegeben* Macht über *alle Geschlechter* und *Sprachen* und *Heiden*. Und *alle*, die auf Erden wohnen, beten es an deren *Namen nicht geschrieben* sind in dem Lebensbuch des Lammes, das erwürgt ist, von Anfang der Welt. So jemand in das Gefängnis führt, der wird in das Gefängnis gehen, so jemand mit dem Schwert tötet, der muss mit dem Schwert getötet werden. *Hier ist Geduld und Glaube der Heiligen.* Und ich sah ein anderes Tier aufsteigen aus der Erde, das hatte zwei Hörner, gleichwie ein Lamm, und redet wie ein Drache. Und es übt alle Macht des ersten Tieres aus vor seinen Augen, und es macht, dass die Erde und die darauf wohnen, das erste Tier anbeten, dessen tödliche Wunde heil geworden war. Und es tut große Zeichen, so dass es auch Feuer vom Himmel auf die Erde fallen lässt vor den Augen der Menschen; Und verführt die auf Erden wohnen, um der *Zeichen* willen, die ihm *gegeben* sind zu tun vor dem Tier; und sagt denen, die auf Erden wohnen, dass sie *ein Bild* machen sollen dem Tier, das die Wunde vom Schwert hatte und lebendig geworden war. Und es ward ihm *gegeben*, dass es dem *Bilde des Tieres den Geist gab*, dass des *Tieres Bild* redete und machte, *dass alle*, welche *nicht* des Tieres Bild anbeteten – *getötet würden.* (Diese Stellen sind eindeutig und unterstreichen eine Welteinheitsmacht- Ausübung mit noch nie da gewesenem Ausmaß!)

Und es macht, dass die Kleinen und die Großen, die Reichen und die Armen, die Freien und Knechte, *allesamt* sich *ein Malzeichen* geben an ihre rechte Hand oder an ihre Stirn. Das *niemand* kaufen oder verkaufen kann, er habe denn *das Malzeichen*, nämlich den *Namen des Tieres*, oder *die Zahl seines Namens*. Hier ist Weisheit. Wer Verstand hat, der überlege die Zahl des Tieres; denn es ist eines Menschen Zahl und seine Zahl ist Sechshundertsechsundsechzig." (Offenbarung Kapitel 13 Vers 1 – 18) Somit wissen wir jetzt schon eine ganze Menge über die Gegenwart und das Zukunftsgeschehen, sogar woher die Zahl „666" stammt. Ungefähr 90 Jahre nach Christi erstem Kommen, hat Johannes dieses auf der Insel Patmos - *in der Verbannung lebend* - gesehen und aufgeschrieben.

Jeder Leser erkennt die zunehmende Globalisierung oder die Karten- und Chipsysteme. Alles wird über Satellit gesteuert. Ein perfektes Weltvernetzungssystem lässt mittlerweile alle Menschen untereinander kommunizieren. Und es wird so kommen, wie wir es eben aus der Bibel vernommen haben. Es ist nicht mehr weit bis zur Erfüllung der Heiligen Schrift. Der alte Turmbau zu Babel findet schon lange statt. Ein Europaparlamentarier bekannte bei einem öffentlichen Interview: „Dass, was die Menschheit vor 3000 Jahren nicht geschafft hat, werden wir nun zu Ende bringen!"

Egal mit welchen Mitteln, auch mit Kriegseinsatz. Sogar die berühmten Türme in Amerika gehören oder vielmehr gehörten in dieses Vorhaben mit hinein. Hauptsache, die Welt streckt sich nach einem Erlöser aus. Die Juden warten auf ihren Messias und die Christen hoffen auf Jesus. Die Muslime ersehnen sich nach ihrem Mächtigen und die Buddhisten wünschen sich die Reinkarnation des Buddhas herbei. *Alle* warten, dass „ER" endlich erscheine. Die Weltbühne wird allmählich für den vorbereitet, der kommen wird und jetzt schon in der Welt ist, dann erfüllt sich wieder all jenes, was Gott den Menschen über die Heilige Schrift wissen lässt.

Wie ergeht es eigentlich den Menschen, die das Tier und sein Bild huldigen werden und die Zahl an die rechte Hand und Stirn annehmen? Hierzu steht uns zur WARNUNG in der Offenbarung Kapitel 14 Vers 6–11 geschrieben: „Und ich sah einen Engel fliegen mitten durch den Himmel, der hatte *ein ewiges Evangelium*, zu verkünden denen, die auf Erden wohnen und allen

Heiden und Geschlechtern und Sprachen und Völkern. Und sprach mit großer Stimme: Fürchtet Gott und gebet ihm die Ehre, denn die Zeit seines Gerichts ist gekommen und betet an den, der gemacht hat Himmel und Erde und Meer und die Wasserbrunnen.

Und ein anderer Engel folgte nach der sprach: Sie ist gefallen, sie ist gefallen, Babylon, die große Stadt; denn sie hat mit dem Wein ihrer Hurerei *getränkt alle Heiden*."

Und der dritte Engel folgte diesem nach und sprach mit großer Stimme. So jemand *das Tier anbetet* und *sein Bild* und nimmt das *Malzeichen an* seine *Stirn* oder an seine *Hand*. Der wird von dem Wein des Zornes Gottes trinken, der lauter eingeschenkt ist in seines Zornes Kelch und wird gequält werden mit Feuer und Schwefel vor den heiligen Engeln und vor dem Lamm. Und der Rauch ihrer Qual wird aufsteigen von Ewigkeit zu Ewigkeit; und sie haben *keine Ruhe* Tag und Nacht, die das Tier haben angebetet und sein Bild und so *jemand* hat das *Malzeichen* seines Namens *angenommen*." Eine klare Aussage über das Geschehen zum *Ende der Zeit*. Gott ist ein HERR, der sich in die Bücher schauen lässt und bereitwillig Auskunft über „sein Tun" gibt. Halleluja! Danke!

Meine Hoffnung ist, dass Ihr noch bis zu diesem einen Punkt aus der Offenbarung gefolgt seid. Dies letzte Buch der Bibel hat schon so viele Bücher gefüllt. Angefangen von Professoren, Doktoren, Theologen, Wissenschaftlern bis hin zu Mystikern und Fantasten, dass ganze Buchläden voll mit Auslegungen derselben sind.

Im Johannes Evangelium steht im Kapitel 16 ab Vers 12 ein herrliches Wort, mit diesem möchte ich es halten und Euch wünschen: „Ich habe euch noch viel zu sagen, aber ihr könnt es jetzt nicht tragen. Wenn aber jener, *der Geist der Wahrheit* kommen wird, der wird euch *in alle Wahrheit leiten.* Denn Er wird *nicht von sich selber reden*, sondern was Er hören wird, das wird Er reden und was zukünftig ist wird Er euch verkünden. Derselbe wird mich verklären; denn von dem Meinen wird Er's nehmen und euch verkündigen. Alles, was der Vater hat, das ist mein. Darum habe ich gesagt: Er wird's von den Meinen nehmen und euch verkündigen."

„So haben wir doch nur einen Gott, den Vater, von welchen alle Dinge sind und wir zu ihm; und einen Herrn, Jesus Christus, durch welchen alle Dinge sind und wir durch ihn." (1. Korinther Kapitel 8 Vers 6)

So wird der Ratschluss auch vollendet werden, in dem Er alles in allem erfüllen wird und die Heilige Schrift, mit ihren vielen Verheißungen, ans Ende kommt. Die Überschrift im Kapitel 21 der Offenbarung lautet: „Neuer Himmel, Neue Erde, Neues Jerusalem" und beginnt beim Vers 1 mit folgenden verherrlichten Worten:

„Und ich sah einen neuen Himmel und eine neue Erde, denn der erste Himmel und die erste Erde verging und das Meer ist nicht mehr." Gleich im Anschluss hiernach möchte ich noch den 2. Petrusbrief Kapitel 3 ab Vers 9 zu Wort kommen lassen. Die Menschen behaupten meistens, dass es noch Tausende von Jahren dauern wird, bis der HERR kommt.

„Aber der HERR verzieht nicht die Verheißung, wie es etliche für einen Verzug achten, sondern er hat Geduld mit uns und will nicht, dass jemand verloren geht, sondern dass sich jeder Mensch zur Buße kehre. Es wird aber des Herrn Tag kommen wie ein Dieb in der Nacht, an welchem die Himmel zergehen werden mit großem Krachen; die Elemente aber werden vor Hitze schmelzen und die Erde und die Werke, die darauf sind, werden verbrennen! So nun das alles soll zergehen, wie sollt ihr denn geschickt sein mit heiligen Wandel und gottseligen

Werken. Das ihr wartet und eilet zu der Zukunft des Tages des Herrn, an welchem die Himmel vom Feuer zergehen und die Elemente vor Hitze zerschmelzen werden? Wir (Glaubenden) warten aber eines neuen Himmels und einer neuen Erde nach seiner Verheißung, in welchen Gerechtigkeit wohnt. Darum meine Lieben, dieweil ihr darauf warten sollt, so tut Fleiß, dass ihr vor ihm unbefleckt und unsträflich im Frieden (Christo) erfunden werdet.

Und die Geduld unseres Herrn achtet für eure Seligkeit, wie auch unser lieber Bruder Paulus nach der Weisheit, die ihm gegeben ist, euch geschrieben hat. Wie er auch in allen Briefen davon redet, in welchen sind etliche Dinge schwer zu verstehen, welche die Ungelehrigen und leichtfertigen verdrehen, wie auch die anderen Schriften, zu ihrer eigenen Verdammnis. Ihr aber meine lieben Geschwister, weil ihr das zuvor wisset, so verwahret euch, dass ihr nicht durch den Irrtum der ruchlosen Leute samt ihnen verführt werdet und entfallet aus eurer eigenen Festung. Wachset aber in der Gnade und Erkenntnis unseres Herrn und Heilandes Jesu Christi. Dem sei Ehre nun und zu ewigen Zeiten." Amen!

Hören wir nun weiter der Offenbarung Kapitel 21 Vers 2 zu: „Und ich Johannes sah die heilige Stadt, dass neue Jerusalem von Gott aus dem Himmel herabfahren, bereitet als eine geschmückte Braut ihrem Mann. (Forscht doch bitte mal, was dieses für eine Bedeutung hat!)

Und ich hörte eine große Stimme vor dem Thron, die sprach: Siehe da, die Hütte Gottes bei den Menschen; und er wird bei ihnen wohnen und sie werden sein Volk sein und er selbst, Gott mit ihnen, wird ihr Gott sein; Und Gott wird abwischen alle Tränen von ihren Augen und der Tod wird nicht mehr sein, noch Leid noch Geschrei noch Schmerz wird mehr sein; denn das Erste ist vergangen. Und der auf dem Thron saß sprach: Siehe, Ich mache alles neu! Und er spricht zu mir: „Schreibe, denn diese Worte sind wahrhaftig und gewiss." Und er sprach zu mir: „Es ist geschehen. Ich bin das A und das O – der Anfang und das Ende. Ich will dem Durstigen geben von dem Brunnen des lebendigen Wassers umsonst! Wer überwindet, der wird es alles ererben und ich will sein Gott sein und er wird mein Sohn und Tochter sein!

Der Verzagten aber und Ungläubigen und Gräulichen und Totschlägern und Hurer und Zauberer und Abgöttischen (Götzendiener) und aller Lügner, deren Teil wird sein in dem Pfuhl, der mit Schwefel und Feuer brennt, das ist der andere Tod" (die ewige Verdammnis). Weiter ab Vers 27: „Und es wird nicht hinein gehen irgendein Gemeines und das da Gräuel tut und Lüge, *sondern die geschrieben sind in dem Lebensbuch des Lammes!*" Und am Schluss des Kapitel 22 der Offenbarung heißt es so wundervoll: „Ich Jesus habe gesandt meinen Engel solches euch zu bezeugen an die Gemeinden. *Ich bin* die Wurzel des Geschlechts David, der helle Morgenstern: (Der Spross!) Und der Geist und die Braut (Gemeinde) sprechen; *Komm*! Und wen dürstet, der komme und wer da will, der nehme das Wasser des Lebens *umsonst*.

Ich bezeuge allen, die da hören die Worte der Weissagung in diesem Buch: So JEMAND dazusetzt, so wird Gott zusetzen auf ihn die Plagen die in diesem Buch geschrieben stehen. Und so jemand davon tut von den Worten des Buchs dieser Weissagung, so wird Gott abtun sein Teil vom Holz des Lebens und von der heiligen Stadt, davon in diesem Buch geschrieben ist. Es spricht der solches bezeugt: „Ja, *ich komme bald*." Amen! Ja, komm Herr Jesu! Was für ein wundervolles Werk, diese Heilige Schrift. Der Autor – Gott selbst.

Holt sie raus aus den Regalen, öffnet die Schränke oder Kisten und beginnt darin jeden Tag etwas zu lesen! Einen einzigen Vers und in einem Jahr hättet Ihr schon „365" Verse gelesen! *Bittet Gott* um Erkenntnis! Bittet IHN um einen erleuchteten Verstand, dass Ihr Ohren habt, wie Jünger hören und Augen, wie Gotteskinder sehen!

Ob im ersten Buch Mose oder in der Offenbarung des Johannes, es ist ein und dasselbe Wort. Schon in der Schöpfungsgeschichte trennt Gott das Licht von der Finsternis, so trennt Er als guter Hirte die Schafe von den Böcken und so wird es bleiben, bis sich dies alles zutragen wird, von dem wir zuvor vernommen haben. Prüft und lest alles unbedingt in der Bibel nach, ob es sich so verhält!

So nun höre ich, dass dieser Brief des Kirchenstörers fast am Ende angelangt ist. Heute ist der 05. Mai 2005 nach Christus, die Kirchen begehen den so genannten Feiertag „Christi Himmelfahrt" wie in jedem Jahr neu. Auch andere Jahresfeste werden liturgisch abgehalten. Darüber haben wir ja Gottes Meinung eingeholt. Dem Heiligen Vater sind diese Festtage immer noch ein Gräuel.

Das Fasten nur bei Wasser ist eine sehr gute Erfahrung und dank sei Gott für Gebete und Gedanken an Euch, die alle da draußen im Lande in der angeblichen Freiheit sind. In welchen Bindungen Ihr gefesselt seit, ist bei jedem einzelnen verborgen. Jedoch möchte ich Euch mitteilen, dass es wirkliche Befreiung nur durch das vergossene Blut Jesu Christi gibt. Er ist die Liebe in Person. Wer von ganzem Herzen sucht, von dem wird

Er sich finden lassen und wer ernstlich Ihn in seiner Not anruft, dem wird der HERR zu Hilfe eilen. (Psalm 50,15)

Die Gespräche mit den Mithäftlingen sind oft sehr tiefgehend und nachfragend, ob es Sebastian oder der noch ungläubige Thomas ist. Beide sind derzeit Hausarbeiter und verpflegen die Insassen mit Essen. Sie sind für die Sauberkeit der Station zuständig. Dazu kommt noch Daniel, dessen Name „Gott ist Richter" bedeutet, und Andreas, Welle genannt. Hier und da immer wieder Aufbrüche, Kontakte von Herz zu Herz. Auch wenn der Haftalltag grau in grau übergeht, ich bin *dankbar* dafür, dass diese und noch andere von den 27 Inhaftierten der Station meinen Weg gekreuzt haben.

Vor einigen Minuten beim Reinigen des Stollens, alle sind unter Verschluss, Feiertag - Sonntag - langer Riegel, putzten die oben genannten Häftlinge den Flur und es erschalte der Ruf „Tut Buße!" „Jesus macht Frei!" Es geschieht fast jeden Tag. Ob über den Freistundenhof, oder wenn ich durch das Haus gehe. Selbst Beamte grüßen mich mit einem: „Halleluja Bruder!" „Grüß Gott!" Aber auch „Tut Buße!" „Alle hier im Haus müssen Buße tun!"

Also egal wo es hingeht. Der Anstaltsfriseur, der mir gestern die Haare schnitt, beim Arzt, einfach überall ist es bekannt: „Der Kirchenstörer" kommt. Durch Einzelgespräche wird dieser Begriff gefüllt und bekommt ein Gesicht.

Es ist eine reiche, gesegnete Erfahrung für mich und ich hoffe und bitte Gott meinem Vater in Christo, dass auch die anderen davon erfahren. „Jesus macht frei, wen Jesus frei macht, der ist wahrlich frei in Ihm!" Amen! Für mich ist es auch ganz neu, einen solch langen Brief an Menschen zu schreiben. Es ist ein „kleines Büchlein" geworden und beim Gedanken daran wird mir ein bisschen komisch. Wenn ich mir aber vorstelle, dass es doch einige Leser näher zum Leben und zur Wahrheit bringt, dann treibt mich die Liebe es zu tun, in der lebendigen Hoffnung, dass es ein Segen für alle wird!

Der Kalender in meiner Zelle hat den Monatsspruch: „Die Gnadengabe Gottes ist ewiges Leben in Christus Jesus!" (Der Brief an die Gemeinde in Rom Kapitel 6 Vers 23) Und es folgt auf der gleichen Seite dann die große und bedeutende Frage: „Hast Du Gottes Gabe schon angenommen?"

JA ☐   NEIN ☐

Wie Ihr ja seht, eine dritte Möglichkeit ist nicht gegeben. Entscheide Dich bald, am besten jetzt gleich! Das liebste Möbelstück des Vaters der Lüge ist die lange Bank. Der Teufel sagt: „Sollte Gott gesagt haben, tue Buße – noch heute? Ich sage Dir, lasse Dir Zeit, mache erst mal dieses und jenes! Du kannst Dich ja später noch anders entscheiden ... mein Freund!"

Hörst Du auf diesen Lügner, der *nicht lieben kann* (der HERR strafe ihn), dann wirst Du ohne eine weitere Fluchtchance mit ihm die Ewigkeit verbringen.

So lasst Euch nochmals zurufen: „Tut Buße – Kehrt um zu Gott und gehet aus mein Volk!", Und für die, die lau sind, kommt und bekennt Eure Schuld vor ihm und macht ernst in der Nachfolge!

Für diejenigen, die in Vereine, Organisationen jeglicher Art (ACK / Weltkirchenrat) oder sonst dergleichen Mitglieder sind, hinaus da und rückt ganz nahe zu Jesus, am besten *in Ihm*, wie Noah *in* der Arche. Euch rufe ich im Namen Jesu die Offenbarung Kapitel 18 Vers 3 zu: „Und ich hörte eine andere Stimme vom Himmel, die sprach: Gehet aus, von ihr, mein Volk, dass ihr nicht teilhaftig werdet ihrer Sünden, auf dass ihr *nicht* empfanget etwas von den Plagen. Denn ihre *Sünden reichen bis an den Himmel*, und *Gott denkt an ihren Frevel*!"

Wir hatten ja schon die unterschiedlichen Früchte zwischen Organisationen und den Kindern der Familie Gottes anhand der Bibel herausgearbeitet. Vielleicht noch ein Gedanke angeführt. Wie kann ich mit Gott sprechen?

Im Psalm 50 Vers 15 des alten Testaments gibt es ein Wort dazu: „Und rufe mich an in der Not, so will ich dich erretten. So sollst du mich preisen!"

Der die Ohren gebaut hat, der kann hören und der die Augen erschaffen hat, der kann auch sehen. Er sieht in Dein Herz und kennt Dich sehr genau, weiß alles von dir. WIRKLICH ALLES! Wenn Du den Weg der Verdammnis verlassen willst und den Weg zum Leben erwählt hast, dann rufe und sage Ihm es. Er wird Dich erhören und dir gnädig sein. Du wirst Dinge erleben, die kann sich kein Mensch ausdenken. Gott führt und lenkt dann deine Schritte, so dass Du aus dem Staunen nicht mehr heraus kommen wirst.

Wie ein Kind wirst Du lernen zu sehen, zu hören, zu sprechen und immer mehr deinen Vater im Himmel zu vertrauen. Denn Er ist Gott, der alles erschaffen hat. Ich empfehle Euch, wartet nicht zu lange. Bedauerlich um jeden Tag, den Ihr unnütz verschenkt an den, der der Menschenmörder von Anfang an ist. Luzifer, Satan!

Auch wenn alles fremd und ungewohnt erscheint, aber deswegen muss man doch nicht den Weg des Todes bis zu völligen Unfähigkeit zum Umkehren weitergehen.
Ein Mann sagte einmal: „Wir Menschen sind wie Pferde. Entweder lassen wir uns vom Guten oder vom Bösen reiten. Beides geht nicht, das Eine schließt das Andere aus!" Die Bibel sagt: „Kinder des Lichts oder Kinder der

Finsternis!" Kommt, lasst Euch nötigen, den Herrn Jesus Christus als *Euren Heiland* zu erwählen! Von seiner Seite aus ist alles getan. Er hat es vollbracht. Er hat den Loskaufpreis für jeden einzelnen von uns bezahlt. Glaubt es und kommt zu Ihm! Er betrügt Euch niemals wie der Teufel! Kommt, Kommt noch heute! Jetzt aber genug geworben, gerufen und gedroht. Zum Abschluss nun ein Gebet:

„Jesus hob seine Augen auf gen Himmel und sprach: Vater, die Stunde ist da, dass Du deinen Sohn verklärest, auf dass dich dein Sohn auch verkläre. Gleichwie du ihm Macht hast gegeben über alles Fleisch, auf dass er das ewige Leben gebe allen, die du ihm gegeben hast. Das ist aber das ewige Leben, dass sie dich, der du allein wahrer Gott bist und den du gesandt hast, Jesum Christum, erkennen. Ich habe dich verklärt auf Erden und vollendet das Werk, das du mir gegeben hast, dass ich es tun sollte. Und nun verkläre mich du, Vater, bei dir selbst mit der Klarheit, die ich bei dir hatte, ehe die Welt war.

Ich habe deinen Namen offenbart den Menschen, die du mir gegeben hast. Sie waren dein und du hast sie mir gegeben und sie haben dein Wort behalten. Nun wissen sie, dass alles, was du mir gegeben hast, sei von dir.

Denn die Worte, die du mir gegeben hast, habe ich ihnen gegeben; und sie haben's angenommen und erkannt wahrhaftig, dass ich von dir ausgegangen bin und glauben, dass du mich gesandt hast. Ich bitte für sie und bitte nicht für die Welt, sondern für die, die du mir gegeben hast; denn sie sind dein. Und alles, was mein ist, das ist dein und was dein ist, das ist mein und ich bin in ihnen verklärt. Und ich bin nicht mehr in der Welt (Himmelfahrt, Aufnahme Jesu in den Himmel); sie aber sind in der Welt und ich komme zu dir. Heiliger Vater, erhalte sie in deinen Namen, die du mir gegeben hast, dass sie eins seien, gleichwie wir. Dieweil ich bei ihnen war in der Welt, erhielt ich sie in deinen Namen. Die du mir gegeben hast, die habe ich bewahrt und ist keiner von ihnen verloren, als das verlorene Kind, dass die Schrift erfüllet würde. Nun aber komme ich zu dir und rede solches in der Welt, auf dass sie in ihnen haben meine Freude vollkommen.

Ich habe ihnen gegeben dein Wort und die Welt hasste sie, denn sie sind nicht von der Welt, wie denn auch ich nicht von der Welt bin. Ich bitte nicht, dass du sie von der Welt nehmest, sondern dass du sie bewahrest vom dem Übel. Sie sind nicht von der Welt gleichwie ich auch nicht von der Welt bin. Heilige sie in deiner Wahrheit, dein Wort ist die Wahrheit! Gleichwie du mich gesandt hast in die Welt, so sende ich sie auch in die Welt. Ich heilige mich selbst für sie, auf dass auch sie geheiligt seien in der Wahrheit. Ich bitte aber nicht allein für sie, sondern auch für die, so durch ihr Wort sie an mich glauben werden. Auf das sie alle eins seien, gleichwie du Vater, in mir und ich in dir; dass auch sie in uns eins seien, auf dass die Welt glaube, du habest mich gesandt! Und ich habe ihnen gegeben die Herrlichkeit, die du mir gegeben hast, dass sie eins seien, gleichwie wir eins sind. Ich in ihnen und du in mir, auf dass Sie vollkommen seien in eins und die Welt erkenne, dass du mich gesandt hast und liebest sie, gleichwie du mich liebst!

Vater, ich will, dass wo ich bin, auch die bei mir seien, die du mir gegeben hast, dass sie meine Herrlichkeit sehen, die du mir gegeben hast; denn du hast mich geliebt ehe denn die Welt gegründet ward. Gerechter Vater, die Welt kennt dich nicht; ich aber kenne dich und diese erkennen, dass du mich gesandt hast. Und ich habe ihnen deinen Namen kundgetan und will ihn kundtun auf das die Liebe, damit du mich liebst, sei in ihnen und ich in ihnen!

Schlusswort

Viele werden sich etwas anderes von diesem „kleinen Büchlein" erhofft haben. Mehr Informationen über die Aktionen, von denen die Medien ja so zahlreich berichteten. Die Mainzer Geschichte mit dem Kardinal oder das Geschehen in der Hedwigs Kathedrale mit dem Herrn Nuntius. Oder die Berliner Abendshow Live „Brunnen Rot für Kinder in Not", wo wir den Lustgarten Brunnen rot einfärbten. Die spektakuläre Aktion mit dem Weihnachtsbaum am Breitscheidplatz und die vielen anderen Möglichkeiten, die wir nutzten, um den Warnruf „Tut Buße!" „Gehet aus mein Volk!" zu verbreiten, Euch zu zurufen, Euch zu ermahnen in der Liebe Christi!

Doch ich höre, dass diese Geschehnisse vielleicht in ein anderes Buch gehören, wenn mein Glaubens Bruder Christian Arnhold dem zustimmen wird. Diese jedoch müssten aber erst im Gespräch und gemeinsamen im Gebet vor Gott unserem Vater geklärt werden. Mir macht es sehr viel Freude, Gott die Ehre für seine Führungen und Segnungen, die wir bei den Aktionen erlebten, zu geben und mit Euch zu teilen. In der Internetseite gibt es eine Rubrik: „Inri Live Berichte"

Dort wurden schon einige Erlebnisse, die uns Live begegneten, veranschaulicht. Gesegnete Herzen und Augen beim forschen und hören des Wortes der Bibel! Sagt es allen Menschen weiter! Die Zeit ist nahe herbeigekommen! „Tut Buße!" „Und lest unbedingt in der Bibel!" Gott anbefohlen und sein Segen im Namen Jesu Christi sei über Euch ausgesprochen! Gesonderter Gruß an die Glaubensgeschwister. (1. Korinther 16 Vers 23-24)

„Maranatha!"

Anhang - Quellennachweis

Staatlich anerkannte Organisationen / Freikirche

Pastor/ -in

„Predige ich denn jetzt Menschen oder Gott zu Dienst? Oder gedenke ich Menschen gefällig zu sein?"
(1.Kor 4,8-11 / Offb 3,15-17 / Gal 1,10 / 1.Thess 2,3-6 / Joh 7,7 / 2.Petr 2,1-3.13-15 / 2.Tim 4,3-4)

Wohlstands-Predigt

„Niemand kann zwei Herren dienen ... ihr könnt nicht Gott dienen und dem Mammon."
(Luk 6,24-26 / Jak 5,1-3 / Mi 2,11 / Röm 8,12-13 / 1.Tim 6,6-12 / Mt 6,21.24)

Körperschaften Vereine (e.V, KdöR, Stiftungen...)

„Die Menge der Gläubigen war ein Herz und eine Seele, auch keiner sagte von seinen Gütern, dass sie ein wären ... es war ihnen alles gemein."
(Apg 2,41-47 / Apg 4,32 / 1.Joh 3,17 / 5.Mose 15,7 2.Kor 6,16-18)

Versammlungs-ordnung

„Vom Gebrauch der Lehrgabe und des Zungenredens; von guter Ordnung im Gottesdienst."
(1Kor 14 / 1.Tim 2,9-12 / Tit 2,4-5 / 1.Petr 3,1-6 / Apg 2,42 / Mt 24,24 / 1.Kor 10,7 / 2.Mos 32, 6.17-18)

Netzwerk / Bündnisse

„Gehet aus mein Volk, dass ihr nicht teilhaftig werdet ihrer Sünden, ..."
(2.Kor 6,14-18 / Eph 5,11 / Offb 18+19 / 1.Kor 4,1 / 2.Tim 3 / 2.Petr 2 / Judasbrief)

Evangelische Kirche

Bischöfinnen „... lasset eure Weiber schweigen in der Gemeinde.“
(Tit 1,5-9 / Apg 20,28 / 1.Kor 14 / 1.Petr 5,2-4 / 1.Tim 4,16)

Kindstötung im Mutterleib
(360 ev. Beratungsstellen in Deutschl.)
„Siehe, Kinder sind eine Gabe des Herrn, und Leibesfrucht ist ein Geschenk.“
(1.Mos 1+27 ; 3,16 ; 4,10 ; 9,16 / 2.Mos 20,13 / Psalm 9,13 ; 127,3 / Jes 1,15-17 ; 49,1 / Jer 1,5 ; 7,6 / Mi 6,8 / 1.Tim 2,15 / 1.Joh 3,15/ Offb 4,1)

Homosexualität „Männer und Weiber haben den natürlichen Verkehr verlassen ... Frau mit Frau ... Mann mit Mann Schande getrieben.“
(Röm 1,18-32 / 3.Mos 18 / 1.Kor 6,9.10)

Gottesdienst „... auf das die, so da leben, hinfort nicht sich selbst leben ...“
(2.Kor 5,15 / 1.Petr 4,1-7 / Röm 12,1-2 / Jes 1,11-17 / Jak 1,27 / 2.Tim 3 / Joh 17)

Toleranz „... du spreizest deine Beine gegen alle, so vorübergingen, und du treibst große Hurerei.“
(Hes 16,25 / 2 Mos 29,1-7 / Joh 14,6 / 1.Joh 2,22)

Humanismus anstatt Christus
„Wenn ich den Menschen noch gefällig wäre, so wäre ich Christi Knecht nicht.“
(Gal 1,6-12 / 1.Thess 2,3-9 / Jak 4,4 / Röm 8,1-14 / 1.Kor 2,1-8 / Judasbrief / 1.Joh 2,15-17)

Katholisch/ Orthodoxe Kirche

„Heiliger Vater"   „Und sollt niemand Vater heißen auf Erden."
(Mt. 23,9 / Eph 3,14.15 / Röm 8,15-17)

Priestertum   „Christus der rechte Hohepriester"
(Hebr.4,14 ; 3,1; 6,20 ; 7,26 ; 8,1; 9,11 / Tit 2,14 / 1.Petr 2,9.10 / Offb 1,4-6)

Opfern   „Da er hat EIN Opfer für die Sünden geopfert, das ewiglich gilt ..."
(Hebr 9+10 / Joh 19,30 / 1.Petr 2.24.25 / Jer 6,13- 15 / Jes 1,11-17)

Kindstaufe   „Die nun sein Wort gern annahmen, ließen sich taufen."
(Apg 2, 41 / Mk 16,16 / Röm 5 & 6 / Joh 3 / Gal 6,13-15 / Gal 2,20)

Gotteshaus   „Der Tempel Gottes ist heilig, der seid ihr."
(Apg 7,48-54 / 1.Kor 6,19 / 2.Kor 6,14-18 / Joh 14,23)

„Mutter Gottes"   „Am Anfang war das Wort ..."
(Joh 1 / Luk 1,46.47)

Zölibat   „... die da gebieten nicht ehelich zu werden ..."
(1.Tim 4 ; 3, 1-5 / Tit 1 6 / Mt 8,14)

Militärdienst-gemeinde   „Wer das Schwert nimmt, der soll durchs Schwert sterben."
(Mt 26,51-56 ; 5,38-48 ; 24,6-14 / Jak 4 ; 2,5-13 / Luk 3,14)

Neue Weltordnung - One World

Weltreligionen „Die Götzen und Götzendiener wird der lebendige Gott verderben."
(2.Mose 20,1-7 / 1.Joh 2,22 / Jer 10 / Joh 3,5-15)

Weltfrieden „Christus ist unser Frieden"
Eph 2,14 / Joh 14,6 / Jer 6,14 / Hebr 10,19-23 / Jes 59,7-8 / 2.Petr 3,2-13 / Offb 21 / 1.Joh 3,12)

Weltethos „Glaubt nicht einem jeglichen Geist, sondern prüfet die Geister, ob sie von Gott sind, denn es sind viele falsche Propheten ausgegangen in die Welt."
(2.Mose 20,1-17 / Mat 22,37-40 / b1.Joh 2,15-18 / Jak 4,4 / 1.Joh 5,1-12 / 1.Joh 4,1-8 / Gal 5,1-10)

Führungskräfte „ ... sie sind blinde Blindenleiter ..."
(2.Kor 11,13.14 / Mt 15,14 / Joh 8,44 / 2.Petr 2 / Mt 7,15 / Judas 4-16 / Offb 13,11-18 / 2.Tim 3,1-9 ... 666)

Welteinheits-währung
(Zahlencode) „Und es macht, dass sie allesamt, die Kleinen und Großen, die Reichen und Armen, die Freien und Sklaven, sich ein Zeichen machen an ihre rechte Hand oder an ihre Stirn, und dass niemand kaufen oder verkaufen kann, wenn er nicht das Zeichen hat ..."
(Offb 13,16.17 ; 14,6-11 / Mt 6,24)

Lest und prüft alles unbedingt anhand der Bibel, dem Wort Gottes, der heiligen Schrift!

Segensgruß vom Kirchenstörer